Einstern

Mathematik für Grundschulkinder

2

Themenheft 3

- Multiplikation und Division
- Einmaleins
- Sachaufgaben Teil 3
- Geometrie Teil 2 – Flächen

Erarbeitet von Roland Bauer und Jutta Maurach

In Zusammenarbeit mit der
Cornelsen Redaktion Grundschule

Cornelsen

Einstern 2

Mathematik für Grundschulkinder
Themenheft 3

Multiplikation und Division

Einmaleins

Sachaufgaben Teil 3

Geometrie Teil 2 – Flächen

Erarbeitet von: Roland Bauer, Jutta Maurach

Fachliche Beratung: Prof'in Dr. Silvia Wessolowski

Fachliche Beratung exekutive Funktionen: Dr. Sabine Kubesch, INSTITUT BILDUNG plus, im Auftrag des ZNL TransferZentrum für Neurowissenschaften und Lernen, Ulm

Redaktion: Uwe Kugenbuch, Peter Groß, Friederike Thomas

Illustration: Yo Rühmer

Umschlaggestaltung: Cornelia Gründer, agentur corngreen, Leipzig

Layout und technische Umsetzung: lernsatz.de

fex

fex steht für *Förderung exekutiver Funktionen*. Hierbei werden neueste Erkenntnisse der kognitiven Neurowissenschaft zum spielerischen Training exekutiver Funktionen für die Praxis nutzbar gemacht. **fex** wurde vom **ZNL TransferZentrum für Neurowissenschaften und Lernen** *(www.znl-ulm.de)* an der Universität Ulm gemeinsam mit der **Wehrfritz GmbH** *(www.wehrfritz.com)* ins Leben gerufen. Der Cornelsen Verlag hat in Kooperation mit dem ZNL ein Konzept für die Förderung exekutiver Funktionen im Unterrichtswerk *Einstern* entwickelt.

Bildnachweis

55 Fotolia (alle außer 6, 8), jeweils: fotohansel (1), Andrey Kuzmin (2), Maimento (3), Atlantis (4), madgooch (5), Cornelsen/Christine Wächter/Deutsche Bundesbank (6), Zerbor (7), Cornelsen/Christine Wächter/Deutsche Bundesbank/Luc Luycx aus Belgien (8), Malyshchyts Viktar (9), grossimov (10), unpict (11), markus_marb (12), pupes1 (13), syomao (14), JWS (15), Oleksiy Mark (16), Nasared (17)

www.cornelsen.de

1. Auflage, 6. Druck 2025

Alle Drucke dieser Auflage sind inhaltlich unverändert und können im Unterricht nebeneinander verwendet werden.

Druck: Cornelsen Verlagskontor, Bielefeld

ISBN 978-3-06-083687-1
ISBN 978-3-06-081805-1 (E-Book)
ISBN 978-3-06-084229-2 (E-Book: alle Themenhefte Einstern 2)

PEFC-zertifiziert
Dieses Produkt stammt aus nachhaltig bewirtschafteten Wäldern und kontrollierten Quellen
PEFC/04-31-3871
www.pefc.de

Inhaltsverzeichnis

… und ich helfe dir:

erkennen

verstehen

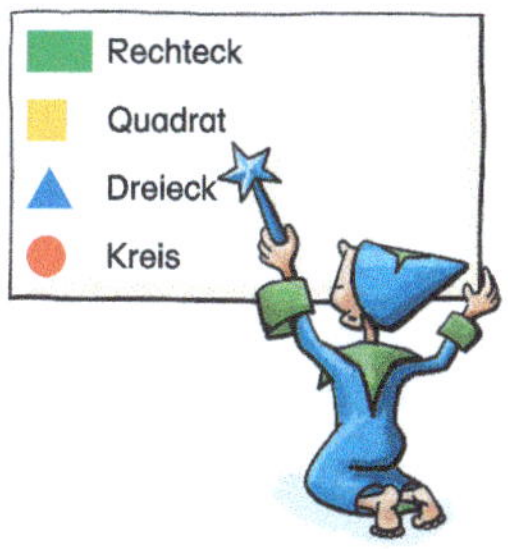

merken

Malaufgaben erkennen

1 Schreibe zu jedem Bild die Plusaufgabe und die Malaufgabe.

a)

Seite 6 Aufgabe 1

a) 6 + 6 + 6 + 6

4 mal 6

b) ...

b)

c)

d)

e)

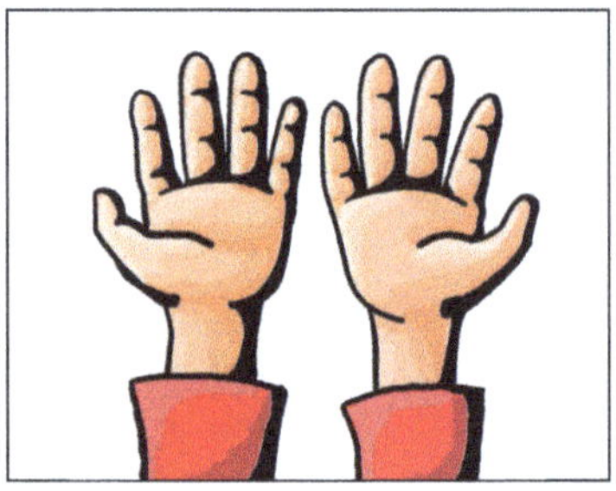

f)

g)

2 Zeichne selbst weitere Beispiele. Bitte ein anderes Kind, dazu Plus- und Malaufgaben zu schreiben.

Seite 6 Aufgabe 2

...

* übersetzen Problemstellungen aus Sachsituationen in die Sprache der Mathematik
* übertragen eine Darstellung in eine andere
* stellen Vermutungen über mathematische Zusammenhänge und Auffälligkeiten an und erklären diese mit Beispielen

Malaufgaben in verschiedenen Darstellungen erkennen

1 Suche dir ein anderes Kind.
Legt mit Steckwürfeln und findet Plus- und Malaufgaben dazu.

2 Schreibe zu jedem Bild die Plusaufgabe und die Malaufgabe.

a)
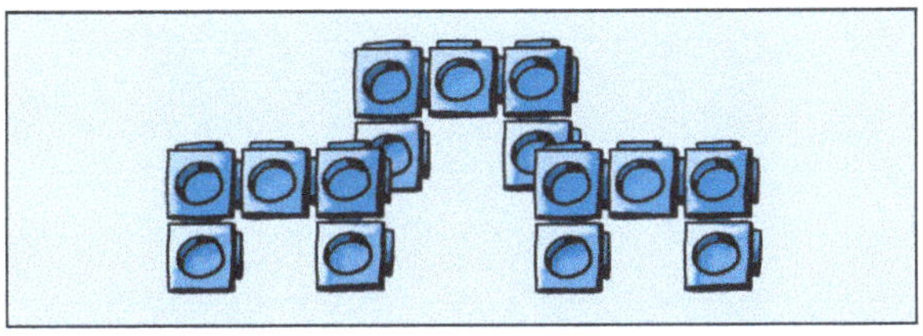

Seite 7 Aufgabe 2

a) 5 + 5 + 5 = 15 *b)* …

3 mal 5 = 15

b)
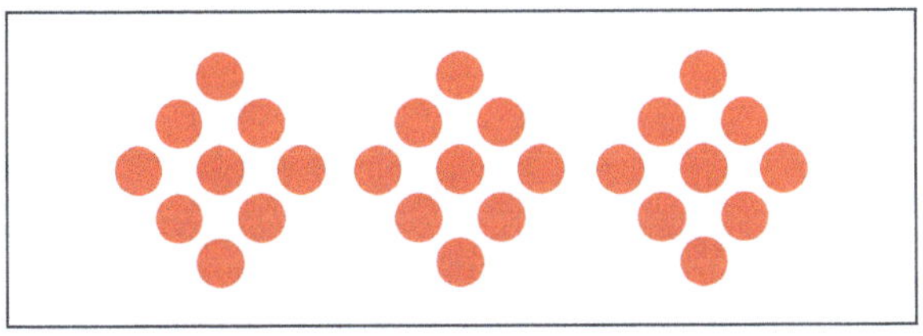

c)
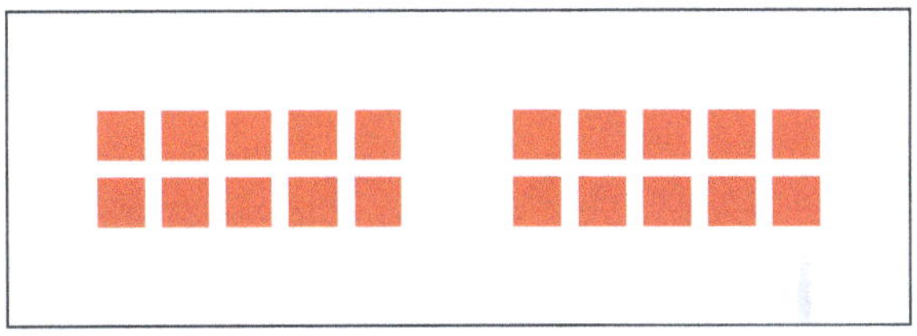

d)

e)

f)

g)

h)

i)

⋆ übertragen eine Darstellung in eine andere
⋆ erklären Beziehungen und Gesetzmäßigkeiten an Beispielen und vollziehen Begründungen anderer nach
⋆ zeigen Zusammenhänge zwischen einfachen Sachsituationen und den entsprechenden Rechenoperationen auf

Zu Bildern Plus- und Malaufgaben finden

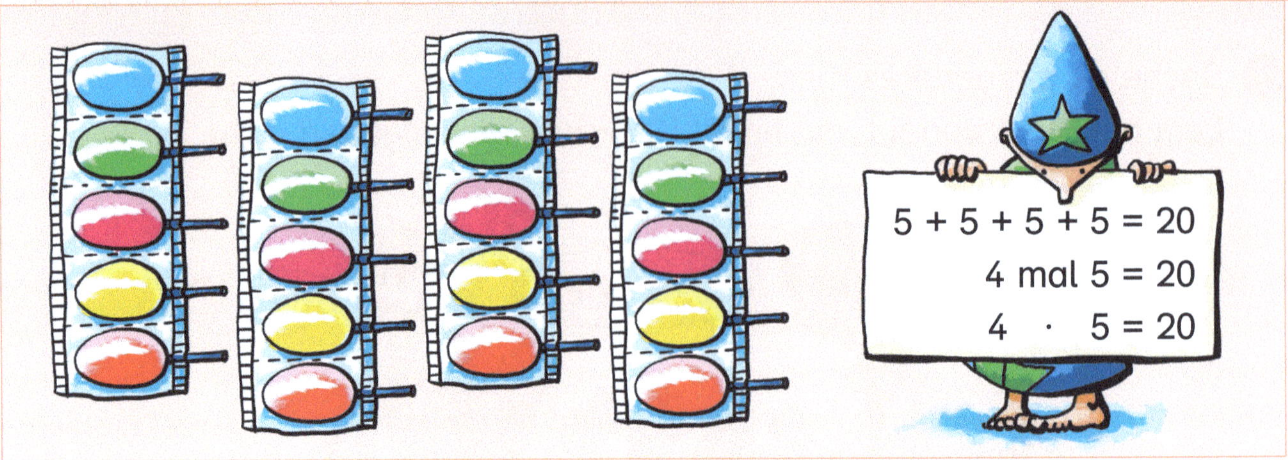

1 Schreibe zu jedem Bild die Plusaufgabe und die Malaufgabe. Rechne sie aus.

a) 

Seite 8 Aufgabe 1

a) 8 + 8 + 8 = 24 b) ...

3 · 8 = 24

b) 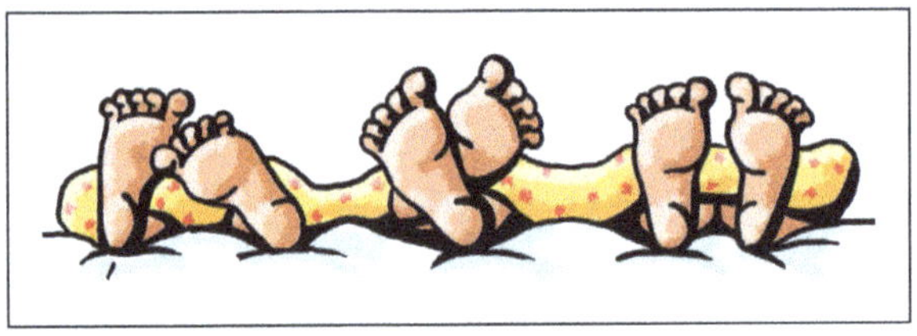

c) 

d) 

e) 

f) 

g) 

h) 

i) 

* übersetzen Problemstellungen aus Sachsituationen in die Sprache der Mathematik und lösen diese
* übertragen eine Darstellung in eine andere
* ordnen Sachsituationen den Grundrechenarten zu

1 Suche dir ein anderes Kind.
Stellt mit Dingen
Malaufgaben dar.
Legt passende
Punktebilder dazu.

2 Zeichne zu jedem Bild ein Punktebild.
Schreibe die Plusaufgabe und die Malaufgabe dazu.

a) 

b) 

Seite 9 Aufgabe 2

a)

6 + 6 = 12

2 · 6 = 12

b) ...

c) 

d) 

e) 

f) 

+1 → 13 27 49

+1 → 38 72 14 83

+1 → 12 91 25 76 64

→ AH Seite 25
→ Ü Seite 24

* bearbeiten Aufgaben gemeinsam und erklären anderen ihren Lösungsweg
* übertragen eine Darstellung in eine andere und wechseln zwischen verschiedenen Darstellungsformen
* ordnen Sachsituationen den Grundrechenarten zu

Zu Punktefeldern Plus- und Malaufgaben finden

1 Suche dir ein anderes Kind.
Zeigt auf dem Hunderterfeld mit Hilfe des Malwinkels Punktefelder.
Findet die passenden Plus- und Malaufgaben dazu.

2 Schreibe zu jedem Punktefeld die Plusaufgabe und die Malaufgabe.
Rechne sie aus.

a) 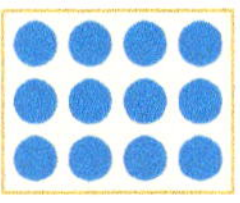

b) 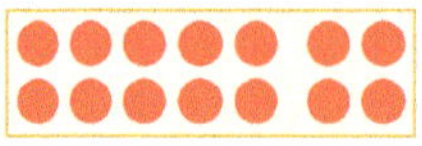

c) 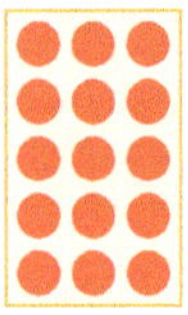

d) 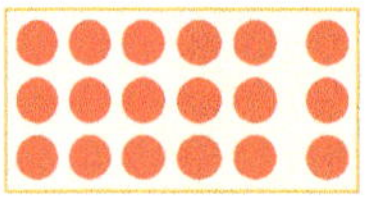

e) 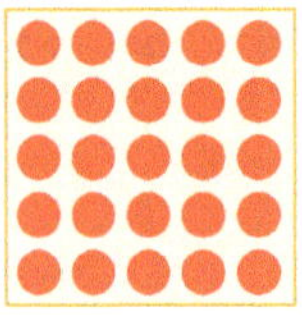

f) 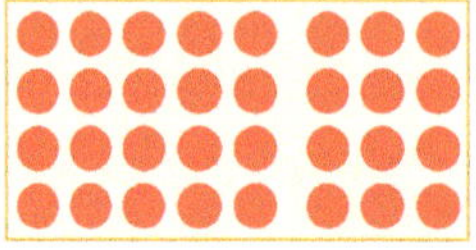

Seite 10 Aufgabe 2

a) 4 + 4 + 4 = 12   b) ...

3 · 4 = 12

3 Stelle auf dem Hunderterfeld mit dem Malwinkel passende Punktefelder dar. Schreibe die Plusaufgabe und die Malaufgabe auf.
Löse die Aufgaben.

a) 4 · 6 = ▢   b) 7 · 5 = ▢

c) 6 · 4 = ▢   d) 3 · 8 = ▢

e) ▢ · ▢ = ▢   f) ▢ · ▢ = ▢

Seite 10 Aufgabe 3

a) 6 + 6 + 6 + 6 = 24   b) ...

4 · 6 = 24

* bearbeiten Aufgabenstellungen gemeinsam und erklären anderen ihren Lösungsweg
* übertragen eine Darstellung in eine andere und wechseln zwischen verschiedenen Darstellungsformen

Zueinander passende Plus- und Malaufgaben finden

1 Finde die Aufgaben, die zusammengehören.
Rechne die Aufgaben aus und schreibe sie untereinander.

$4 \cdot 7 =$ ▢ $7 + 7 + 7 + 7 =$ ▢

$4 \cdot 9 =$ ▢ $8 \cdot 2 =$ ▢ $2 \cdot 6 =$ ▢

$2 + 2 + 2 + 2 + 2 + 2 + 2 + 2 =$ ▢ $3 \cdot 8 =$ ▢

$6 + 6 =$ ▢ $5 + 5 + 5 + 5 + 5 =$ ▢

$5 \cdot 5 =$ ▢ $9 + 9 + 9 + 9 =$ ▢ $8 + 8 + 8 =$ ▢

Seite 11 Aufgabe 1
$7 + 7 + 7 + 7 = 28$ …
$4 \cdot 7 = 28$

2 Schreibe zu jeder Plusaufgabe die passende Malaufgabe.
Rechne beide Aufgaben aus.

a) $8 + 8 + 8 + 8 =$ ▢ b) $3 + 3 + 3 =$ ▢
c) $5 + 5 + 5 + 5 + 5 =$ ▢ d) $7 + 7 =$ ▢
e) $9 + 9 + 9 + 9 =$ ▢ f) $6 + 6 + 6 =$ ▢

Seite 11 Aufgabe 2
a) $8 + 8 + 8 + 8 = 32$
$4 \cdot 8 = 32$
b) …

3 Schreibe zu jeder Malaufgabe die passende Plusaufgabe.
Rechne beide Aufgaben aus.

a) $4 \cdot 4 =$ ▢ b) $5 \cdot 6 =$ ▢
c) $2 \cdot 5 =$ ▢ d) $5 \cdot 8 =$ ▢

Seite 11 Aufgabe 3
a) $4 + 4 + 4 + 4 = 16$
$4 \cdot 4 = 16$
b) …

+1 → 95 26 38

+1 → 72 57 36 25

+1 → 82 43 51 95 37

→ AH Seite 26

* übertragen eine Darstellung in eine andere und wechseln zwischen verschiedenen Darstellungsformen von Operationen

Zu Punktefeldern Tauschaufgaben finden

Das sieht Tim:

5 + 5 + 5 + 5 + 5 + 5 = 30

6 · 5 = 30

Das sieht Lea:

6 + 6 + 6 + 6 + 6 = 30

5 · 6 = 30

1 Schreibe zu jedem Punktefeld zwei Plusaufgaben und zwei Malaufgaben.

a) 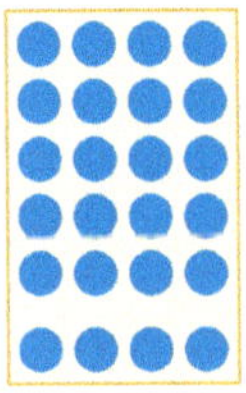

b) 

c) 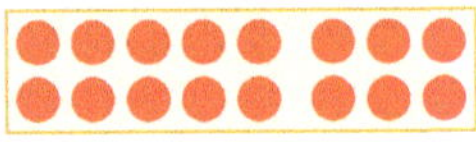

d) 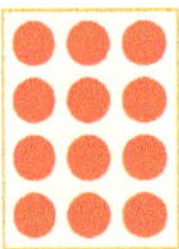

e) 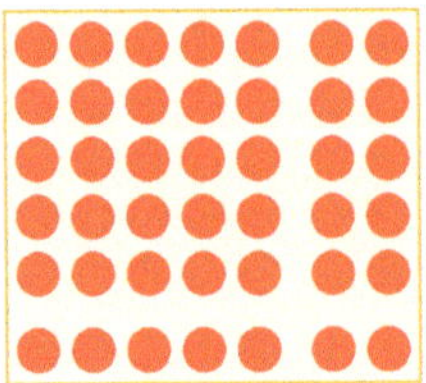

f) 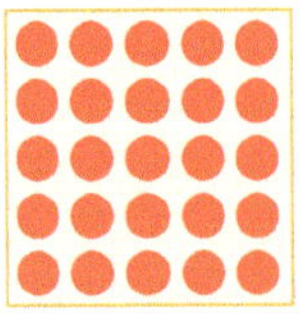

Seite 12 Aufgabe 1

a) 4 + 4 + 4 + 4 + 4 + 4 = 24 b) ...

6 · 4 = 24

6 + 6 + 6 + 6 = 24

4 · 6 = 24

2 Schreibe zu jedem Punktefeld die Malaufgabe und die Tauschaufgabe.

a) 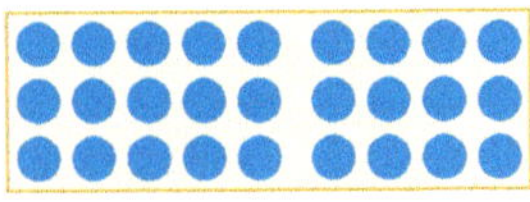

b) 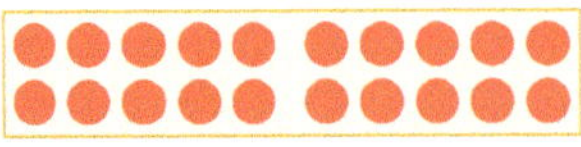

c) 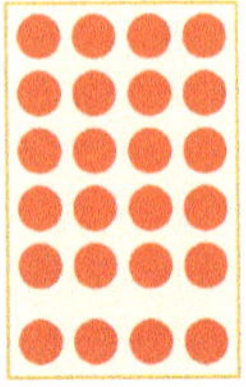

d) 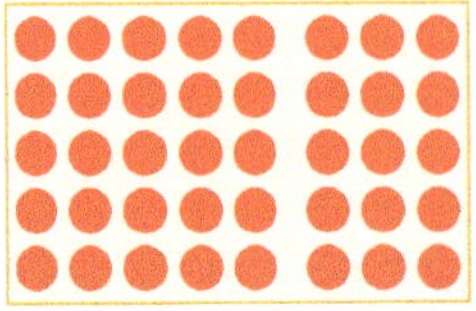

Seite 12 Aufgabe 2

a) 3 · 9 b) ...

9 · 3

★ denken über mathematische Beziehungen nach und prüfen diese
★ übertragen eine Darstellung in eine andere und wechseln zwischen verschiedenen Darstellungsformen

→ Ü Seite 25

Zerlegungsaufgaben kennenlernen

4 · 8

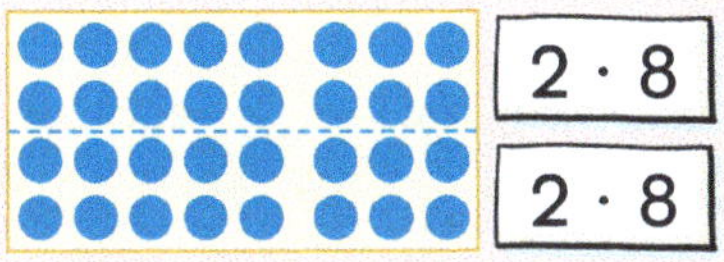

oder

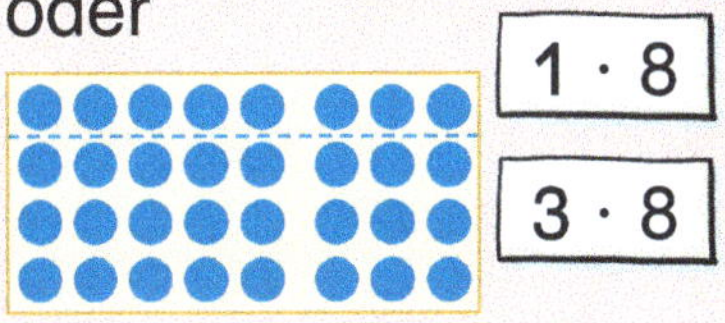

oder

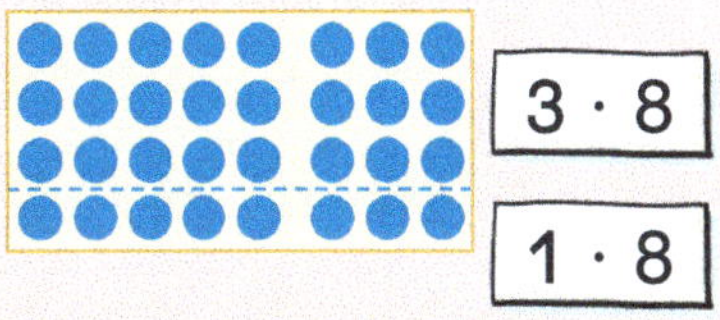

2 · 8 + 2 · 8 = 4 · 8   1 · 8 + 3 · 8 = 4 · 8   3 · 8 + 1 · 8 = 4 · 8

1 Schreibe die Zerlegungsaufgaben auf.

a) 

b) 

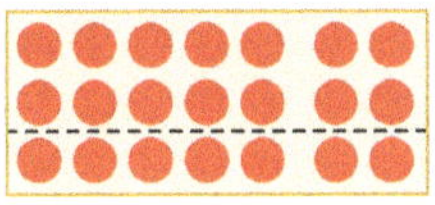

c) 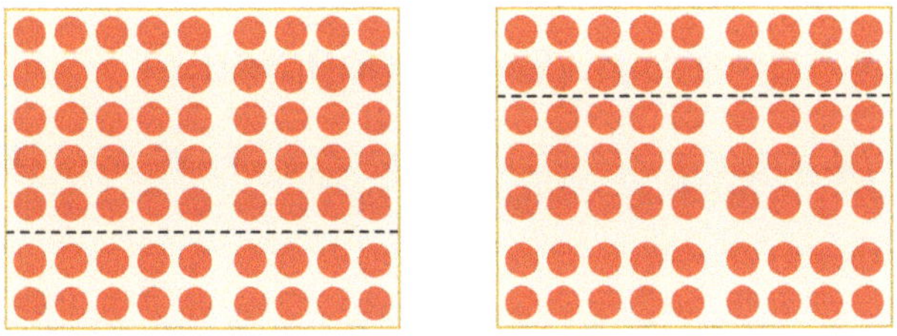

d) 

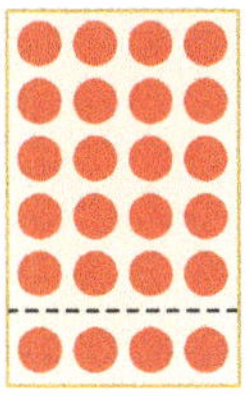

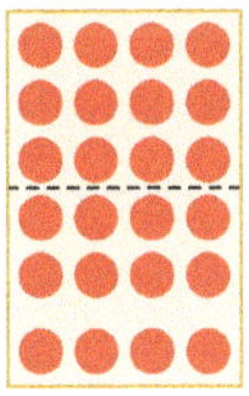

Seite 13 Aufgabe 1

a) 2 · 6 + 2 · 6 = 4 · 6

1 · 6 + 3 · 6 = 4 · 6

b) ...

2 Setze die Aufgaben zusammen.
Du kannst als Hilfe Punktefelder mit dem Malwinkel darstellen.

a) 1 · 4 + 2 · 4 = ▢ · ▢   b) 2 · 5 + 2 · 5 = ▢ · ▢
c) 5 · 3 + 1 · 3 = ▢ · ▢   d) 5 · 8 + 2 · 8 = ▢ · ▢
e) 2 · 6 + 2 · 6 = ▢ · ▢   f) 5 · 7 + 1 · 7 = ▢ · ▢

Seite 13 Aufgabe 2

a) 1 · 4 + 2 · 4 = 3 · 4

b) ...

⋆ denken über mathematische Beziehungen nach und prüfen diese
⋆ übertragen eine Darstellung in eine andere und wechseln zwischen verschiedenen Darstellungsformen

Verdopplungsaufgaben kennenlernen

$3 \cdot 4 = 12$

$3 \cdot 4 + 3 \cdot 4 = 6 \cdot 4$
$12 + 12 = 24$

$3 \cdot 4 + 3 \cdot 4 = 3 \cdot 8$
$12 + 12 = 24$

1 Bilde Verdopplungsaufgaben wie Lea.
Löse die Aufgaben. Du kannst als Hilfe Punktefelder
mit dem Malwinkel darstellen und mit dem Spiegel verdoppeln.

a) $2 \cdot 5 =$ ▢ b) $5 \cdot 3 =$ ▢ c) $2 \cdot 3 =$ ▢
d) $5 \cdot 4 =$ ▢ e) $3 \cdot 5 =$ ▢ f) $4 \cdot 4 =$ ▢

Seite 14 Aufgabe 1
a) $2 \cdot 5 + 2 \cdot 5 = 4 \cdot 5$ b) ...
$10 + 10 = 20$

2 Bilde Verdopplungsaufgaben wie Tim.
Löse die Aufgaben. Du kannst als Hilfe Punktefelder
mit dem Malwinkel darstellen und mit dem Spiegel verdoppeln.

a) $2 \cdot 5 =$ ▢ b) $5 \cdot 3 =$ ▢ c) $2 \cdot 3 =$ ▢
d) $5 \cdot 4 =$ ▢ e) $3 \cdot 5 =$ ▢ f) $4 \cdot 4 =$ ▢

Seite 14 Aufgabe 2
a) $2 \cdot 5 + 2 \cdot 5 = 2 \cdot 10$ b) ...
$10 + 10 = 20$

3 Bilde beide Verdopplungsaufgaben. Löse die Aufgaben.

a) $4 \cdot 3 =$ ▢ b) $2 \cdot 4 =$ ▢ c) $4 \cdot 5 =$ ▢
d) $3 \cdot 2 =$ ▢ e) $3 \cdot 4 =$ ▢ f) $5 \cdot 2 =$ ▢

Seite 14 Aufgabe 3
a) $4 \cdot 3 + 4 \cdot 3 = 8 \cdot 3$ b) ...
$12 + 12 = 24$
$4 \cdot 3 + 4 \cdot 3 = 4 \cdot 6$
$12 + 12 = 24$

+1 →
39 41 65

+1 →
72 18 46 97

+1 →
32 48 54 63 99

* bearbeiten Aufgabenstellungen gemeinsam und erklären anderen ihren Lösungsweg
* übertragen eine Darstellung in eine andere

Nachbaraufgaben kennenlernen

Nachbaraufgabe	Aufgabe	Nachbaraufgabe
		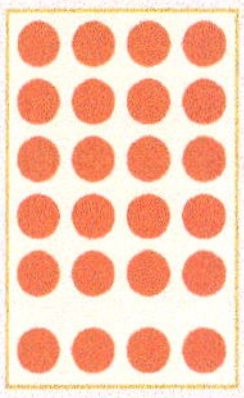
$5 \cdot 4 - 1 \cdot 4 = 4 \cdot 4$ $20 - 4 = 16$	$5 \cdot 4 = 20$	$5 \cdot 4 + 1 \cdot 4 = 6 \cdot 4$ $20 + 4 = 24$

1 Finde zu den Punktefeldern passende Nachbaraufgaben und löse sie.

a)   

$7 \cdot 3 = 21$

b) 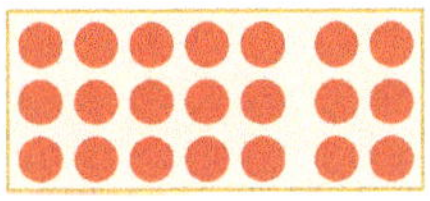 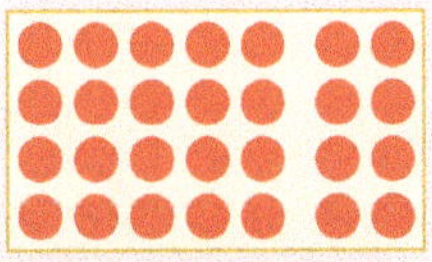 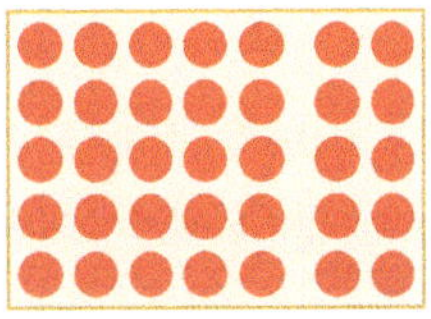

$4 \cdot 7 = 28$

c)   

$6 \cdot 5 = 30$

Seite 15 Aufgabe 1

a) $7 \cdot 3 - 1 \cdot 3 = 6 \cdot 3$
$21 - 3 = 18$
$7 \cdot 3 + 1 \cdot 3 = 8 \cdot 3$
$21 + 3 = 24$

b) ...

2 Schreibe zu jeder Malaufgabe ihre beiden Nachbaraufgaben auf.
Löse die Nachbaraufgaben.

a) $3 \cdot 6 = 18$ b) $7 \cdot 2 = 14$ c) $5 \cdot 3 = 15$

d) $4 \cdot 9 = 36$ e) $3 \cdot 4 = 12$ f) $5 \cdot 5 = 25$

Seite 15 Aufgabe 2

a) $3 \cdot 6 - 1 \cdot 6 = 2 \cdot 6$
$18 - 6 = 12$
$3 \cdot 6 + 1 \cdot 6 = 4 \cdot 6$
$18 + 6 = 24$

b) ...

⋆ denken über mathematische Beziehungen nach und prüfen diese
⋆ übertragen eine Darstellung in eine andere

Einmaleins mit 1 und 10 erarbeiten

1 Schreibe zu den Punktefeldern passend das Einmaleins mit 1.

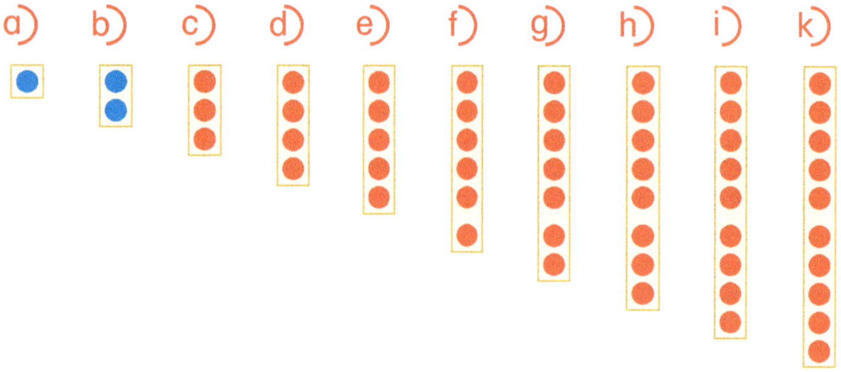

Seite 16 Aufgabe 1

a) $1 \cdot 1 = 1$

b) $2 \cdot 1 = \ldots$

c) ...

2 Schreibe zu den Punktefeldern passend das Einmaleins mit 10.

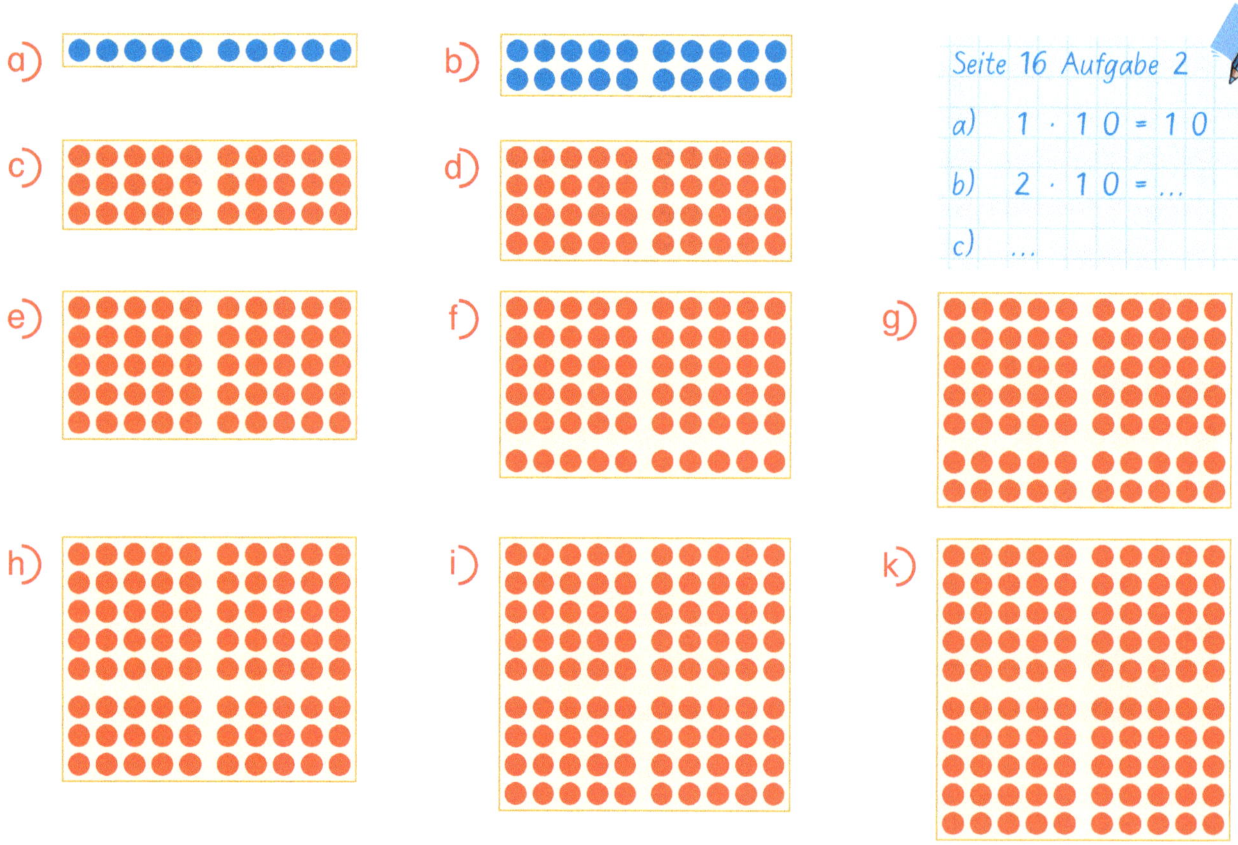

Seite 16 Aufgabe 2

a) $1 \cdot 10 = 10$

b) $2 \cdot 10 = \ldots$

c) ...

3 Setze das Einmaleins mit 1 und das Einmaleins mit 10 fort.

a) Setze fort bis $10 \cdot 1$.

$1 \cdot 1 =$

$2 \cdot 1 =$

$3 \cdot 1 =$

⋮

b) Setze fort bis $10 \cdot 10$.

$1 \cdot 10 =$

$2 \cdot 10 =$

$3 \cdot 10 =$

⋮

Seite 16 Aufgabe 3

a) Einmaleins mit 1

$1 \cdot 1 = 1$

⋮

b) Einmaleins mit 10

...

* übersetzen Punktebilder in die Sprache der Mathematik
* nutzen Zahlbeziehungen für vorteilhaftes Rechnen

Einmaleinsaufgaben mit 1 und 10 lösen

1 Löse die Aufgaben aus dem Einmaleins mit 1.

a)
3 · 1 = ☐
0 · 1 = ☐
1 · 1 = ☐
8 · 1 = ☐
10 · 1 = ☐

b)
7 = ☐ · 1
4 = ☐ · 1
6 = ☐ · 1
9 = ☐ · 1
0 = ☐ · 1

c)
☐ = 2 · 1
☐ = 5 · 1
☐ = 7 · 1
☐ = 8 · 1
☐ = 9 · 1

Seite 17 Aufgabe 1
a) 3 · 1 = 3 b) ...
⋮

2 Löse die Aufgaben aus dem Einmaleins mit 10.

a)
3 · 10 = ☐
6 · 10 = ☐
9 · 10 = ☐
0 · 10 = ☐
5 · 10 = ☐

b)
10 = ☐ · 10
80 = ☐ · 10
70 = ☐ · 10
40 = ☐ · 10
100 = ☐ · 10

c)
☐ = 0 · 10
☐ = 5 · 10
☐ = 2 · 10
☐ = 1 · 10
☐ = 7 · 10

Seite 17 Aufgabe 2
a) 3 · 10 = 30 b) ...
⋮

3 Finde zu jeder Aufgabe die Tauschaufgabe und löse sie.

a)
5 · 1 = ☐
7 · 10 = ☐
8 · 10 = ☐
9 · 1 = ☐
6 · 10 = ☐

b)
5 · 10 = ☐
7 · 1 = ☐
8 · 1 = ☐
9 · 10 = ☐
6 · 1 = ☐

Seite 17 Aufgabe 3
a) 5 · 1 = 5 1 · 5 = 5
⋮
b) ...

4 Finde zu jeder Aufgabe die beiden Nachbaraufgaben und löse sie.

a)
5 · 10 = ☐
7 · 1 = ☐
8 · 10 = ☐
9 · 1 = ☐
5 · 1 = ☐
3 · 10 = ☐

b)
2 · 1 = ☐
4 · 10 = ☐
3 · 1 = ☐
6 · 1 = ☐
7 · 10 = ☐
9 · 10 = ☐

Seite 17 Aufgabe 4
a) 4 · 10 = 40 b) ...
5 · 10 = 50
6 · 10 = 60
⋮

+1 →
78 35 64

+1 →
31 47 53 69

+1 →
81 75 62 38 16

→ Ü Seite 27

Einmaleins mit 5 erarbeiten

$1 \cdot 5 = \square$

$2 \cdot 5 = \square$

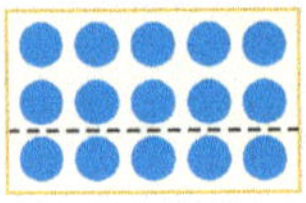

$2 \cdot 5 + 1 \cdot 5 = 3 \cdot 5$

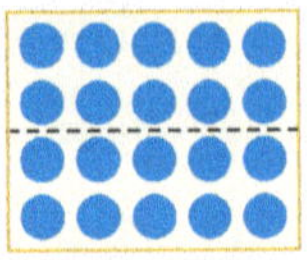

$2 \cdot 5 + 2 \cdot 5 = 4 \cdot 5$

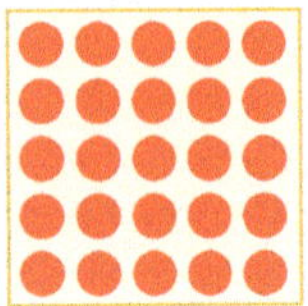

$5 \cdot 5 = \square$

$5 \cdot 5 + 1 \cdot 5 = 6 \cdot 5$

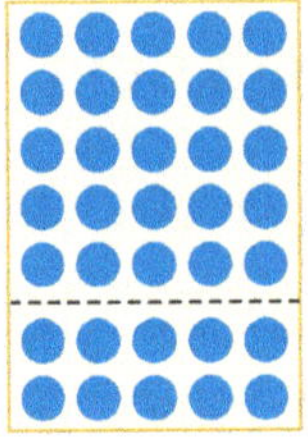

$5 \cdot 5 + 2 \cdot 5 = 7 \cdot 5$

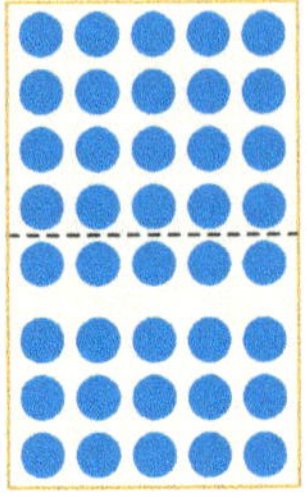

$4 \cdot 5 + 4 \cdot 5 = 8 \cdot 5$

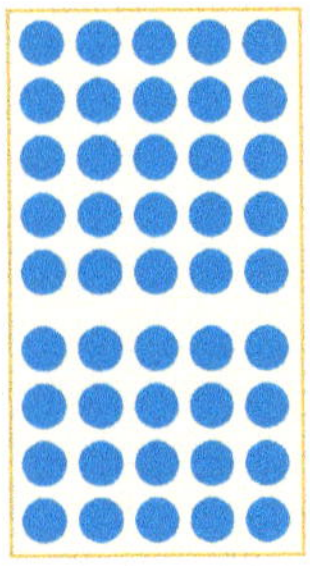

$10 \cdot 5 - 1 \cdot 5 = 9 \cdot 5$

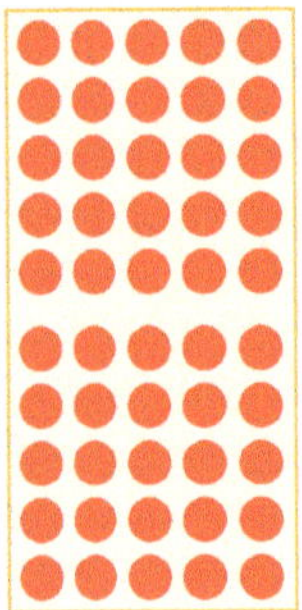

$10 \cdot 5 = \square$

Die roten Aufgaben sind die Kernaufgaben. Merke sie dir gut. Mit ihnen kannst du alle anderen Aufgaben lösen.

1 Schreibe die Kernaufgaben mit Lösungen auf.

Seite 18 Aufgabe 1

a) 1 · 5 = 5

⋮

2 Rechne mit den Kernaufgaben und mit Verdoppeln.

a) Setze zusammen.

$3 \cdot 5 = \square$

$6 \cdot 5 = \square$

$7 \cdot 5 = \square$

b) Verdopple.

$4 \cdot 5 = \square$

$8 \cdot 5 = \square$

c) Nutze Nachbaraufgaben.

$9 \cdot 5 = \square$ $4 \cdot 5 = \square$

Seite 18 Aufgabe 2

a) 2 · 5 + 1 · 5 = 3 · 5
10 + 5 = …

b) 2 · 5 + 2 · 5 = 4 · 5
10 + 10 = …

c) 10 · 5 − 1 · 5 = 9 · 5
50 − 5 = …

⋆ übersetzen Problemstellungen aus Punktebildern in die Sprache der Mathematik
⋆ erkennen die Kernaufgaben und leiten daraus die weiteren Aufgaben des kleinen Einmaleins mit 5 ab
⋆ nutzen Zahlbeziehungen und Rechengesetze für vorteilhaftes Rechnen

Einmaleinsaufgaben mit 5 lösen

1 Schreibe das gesamte Einmaleins mit 5 auf.
Schreibe die Kernaufgaben rot.

Seite 19 Aufgabe 1
Einmaleins mit 5
1 · 5 = 5
⋮

2 Löse die Aufgaben aus dem Einmaleins mit 5.
Schreibe die Kernaufgaben rot.

a)	b)	c)
5 · 5 = ___	6 · 5 = ___	50 = ___ · 5
4 · 5 = ___	7 · 5 = ___	25 = ___ · 5
1 · 5 = ___	10 · 5 = ___	5 = ___ · 5
3 · 5 = ___	9 · 5 = ___	40 = ___ · 5

d)	e)	f)
20 = ___ · 5	___ = 7 · 5	___ = 0 · 5
0 = ___ · 5	___ = 3 · 5	___ = 5 · 5
15 = ___ · 5	___ = 10 · 5	___ = 8 · 5
45 = ___ · 5	___ = 6 · 5	___ = 9 · 5

Seite 19 Aufgabe 2
a) 5 · 5 = 25 b) ...
⋮

3 Übertrage die Tabelle in dein Heft und fülle sie aus.

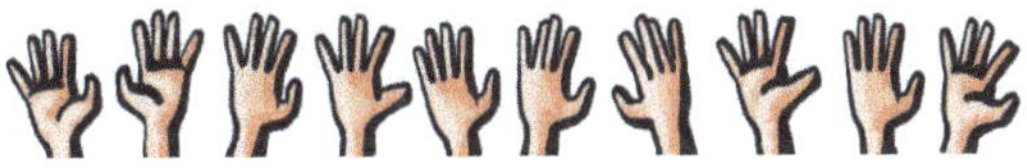

Seite 19 Aufgabe 3

Hände	5	7	...
Finger	25	...	

Hände	5	7	___	___	1	3	___	___	8	10
Finger	25	___	10	30	___	___	20	45	___	___

4 Suche dir ein anderes Kind.
Übt gemeinsam die Aufgaben aus dem Einmaleins mit 5.
Übt auch die Aufgaben aus dem Einmaleins mit 1 und 10.

→ AH Seite 27

⋆ lösen Aufgaben des kleinen Einmaleins mit 5
⋆ übertragen eine Darstellung in eine andere
⋆ üben gemeinsam und kontrollieren gegenseitig ihre Lösungen

Einmaleins mit 2 erarbeiten

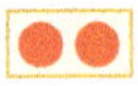

$1 \cdot 2 = \square$

$2 \cdot 2 = \square$

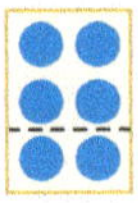

$2 \cdot 2 + 1 \cdot 2 = 3 \cdot 2$

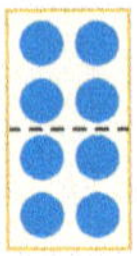

$2 \cdot 2 + 2 \cdot 2 = 4 \cdot 2$

$5 \cdot 2 = \square$

$5 \cdot 2 + 1 \cdot 2 = 6 \cdot 2$

$5 \cdot 2 + 2 \cdot 2 = 7 \cdot 2$

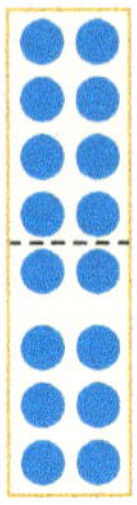

$4 \cdot 2 + 4 \cdot 2 = 8 \cdot 2$

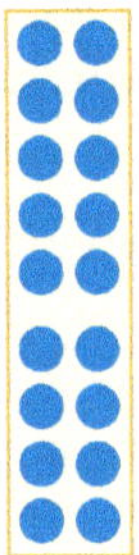

$10 \cdot 2 - 1 \cdot 2 = 9 \cdot 2$

$10 \cdot 2 = \square$

1 Schreibe die Kernaufgaben mit Lösungen auf.

Seite 20 Aufgabe 1

a) 1 · 2 = 2

⋮

2 Rechne mit den Kernaufgaben und mit Verdoppeln.

a) Setze zusammen.

$3 \cdot 2 = \square$
$6 \cdot 2 = \square$
$7 \cdot 2 = \square$

b) Verdopple.

$4 \cdot 2 = \square$
$8 \cdot 2 = \square$

c) Nutze Nachbaraufgaben.

$9 \cdot 2 = \square$ $4 \cdot 2 = \square$

Seite 20 Aufgabe 2

a) 2 · 2 + 1 · 2 = 3 · 2
4 + 2 = ...

b) 2 · 2 + 2 · 2 = 4 · 2
4 + 4 = ...

c) 10 · 2 − 1 · 2 = 9 · 2
20 − 2 = ...

★ übersetzen Problemstellungen aus Punktebildern in die Sprache der Mathematik
★ lernen Kernaufgaben des kleinen Einmaleins mit 2 kennen
★ leiten aus den Kernaufgaben unter Anwendung von Strategien die weiteren Aufgaben der Zweierreihe ab

Einmaleinsaufgaben mit 2 lösen

1 Schreibe das gesamte Einmaleins mit 2 auf.
Schreibe die Kernaufgaben rot.

Seite 21 Aufgabe 1
Einmaleins mit 2
1 · 2 = 2
⋮

2 Löse die Aufgaben aus dem Einmaleins mit 2.
Schreibe die Kernaufgaben rot.

a)	b)	c)
5 · 2 = ☐	6 · 2 = ☐	10 = ☐ · 2
4 · 2 = ☐	7 · 2 = ☐	16 = ☐ · 2
0 · 2 = ☐	10 · 2 = ☐	2 = ☐ · 2
3 · 2 = ☐	9 · 2 = ☐	20 = ☐ · 2

d)	e)	f)
14 = ☐ · 2	☐ = 7 · 2	☐ = 1 · 2
0 = ☐ · 2	☐ = 5 · 2	☐ = 3 · 2
4 = ☐ · 2	☐ = 10 · 2	☐ = 8 · 2
18 = ☐ · 2	☐ = 6 · 2	☐ = 9 · 2

Seite 21 Aufgabe 2
a) 5 · 2 = 10 b) ...
⋮

3 Übertrage die Tabelle in dein Heft und fülle sie aus.

Seite 21 Aufgabe 3

Kinder	3	7	...							
Schuhe	6	...								

Kinder	3	7	☐	☐	1	5	☐	8	☐	10
Schuhe	6	☐	4	12	☐	☐	8	☐	18	☐

4 Suche dir ein anderes Kind. Übt gemeinsam die Aufgaben aus dem Einmaleins mit 2.

* lösen Aufgaben des kleinen Einmaleins mit 2
* übertragen eine Darstellung in eine andere
* üben gemeinsam und kontrollieren gegenseitig ihre Lösungen

Einmaleins mit 1, 2, 5, 10 und deren Tauschaufgaben üben (1)

·	1	2	3	4	5	6	7	8	9	10
1	1	2	3	4	5	6	7	8	9	10
2	2	4	6	8	10	12	14	16	18	20
3	3	6			15					30
4	4	8			20					40
5	5	10	15	20	25	30	35	40	45	50
6	6	12			30					60
7	7	14			35					70
8	8	16			40					80
9	9	18			45					90
10	10	20	30	40	50	60	70	80	90	100

1 Betrachte in der Einmaleinstafel die Zeilen und Spalten.
Sprich mit einem anderen Kind darüber, was dir auffällt.

2 Lies die Aufgaben in der Einmaleinstafel ab.
Schreibe die Tauschaufgaben dazu.

a) alle Aufgaben aus dem Einmaleins mit 1

b) alle Aufgaben aus dem Einmaleins mit 2

c) alle Aufgaben aus dem Einmaleins mit 5

d) alle Aufgaben aus dem Einmaleins mit 10

3 Suche dir ein anderes Kind. Stellt euch gegenseitig Aufgaben
zum Einmaleins mit 1, 2, 5 und 10 und bildet die Tauschaufgaben.

* denken über mathematische Beziehungen nach
* erklären Beziehungen an Beispielen und vollziehen Begründungen anderer nach
* entdecken, beschreiben und nutzen Operationseigenschaften (Tauschaufgabe)

→ AH Seite 28
→ Ü Seite 28

1 Finde zu den Rechengeschichten passende Aufgaben.

a) Tim kauft 5 CDs.

b) Lena möchte gern 4 Bücher kaufen.

c) Janek verkauft 3 große Spiele.

d) Maja kauft 4 kleine Spiele.

Seite 23 Aufgabe 1
a) 5 · 1 € = ...   b) ...

2 Schreibe selbst Rechengeschichten.
Stelle sie einem anderen Kind vor,
das die Aufgaben dazu findet.

Seite 23 Aufgabe 2
...

3 Löse die Aufgaben.

a) ·1 ·2

3 · 1 = □
3 · 2 = □
□ · 1 = 8
□ · 2 = 16
□ · 2 = 0

b) ·1 ·10

□ · 1 = 5
□ · 10 = 50
□ · 10 = 60
3 · 1 = □
3 · 10 = □

c) ·5 ·10

5 · 5 = □
5 · 10 = □
□ · 10 = 40
□ · 5 = 40
3 · 5 = □

Seite 23 Aufgabe 3
a) 3 · 1 = 3   b) ...
...

d) 1· 2·

1 · 7 = □
2 · 7 = □
2 · □ = 6
1 · □ = 6
2 · □ = 20

e) 1· 10·

1 · 9 = □
10 · 9 = □
10 · □ = 50
1 · □ = 5
10 · □ = 70

f) 5· 10·

5 · 2 = □
10 · 2 = □
5 · 4 = □
5 · □ = 50
10 · □ = 50

* übertragen eine Darstellung in eine andere
* übersetzen Problemstellungen aus Sachsituationen in die Sprache der Mathematik und lösen sie
* entdecken und nutzen Beziehungen zwischen den Einmaleinsreihen

Einmaleins mit 4 erarbeiten

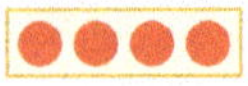

$1 \cdot 4 =$ ☐

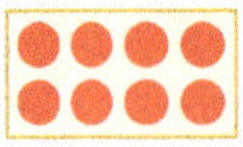

$2 \cdot 4 =$ ☐

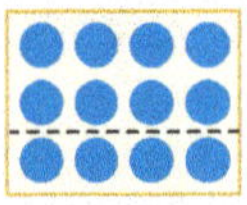

$3 \cdot 4 =$ ☐

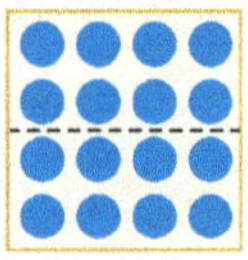

$4 \cdot 4 =$ ☐

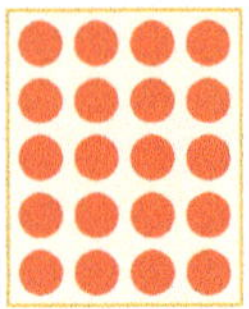

$5 \cdot 4 =$ ☐

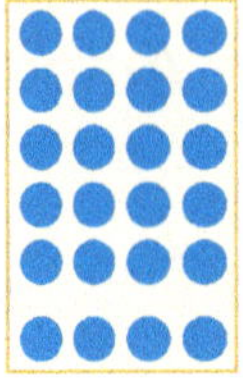

$6 \cdot 4 =$ ☐

$7 \cdot 4 =$ ☐

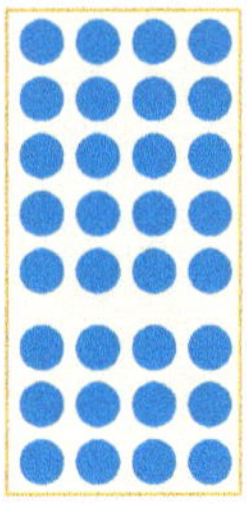

$8 \cdot 4 =$ ☐

$9 \cdot 4 =$ ☐

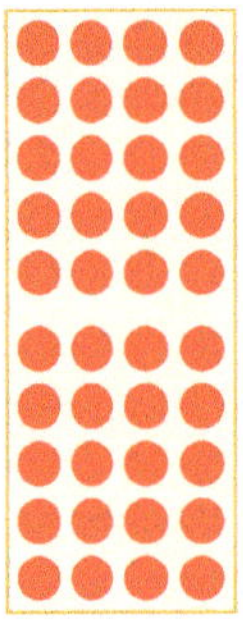

$10 \cdot 4 =$ ☐

1 Schreibe die Kernaufgaben mit Lösungen auf. Die Lösungen sind einfach, du kennst sie bereits von Tauschaufgaen anderer Reihen.

Seite 24 Aufgabe 1

a) $1 \cdot 4 = 4$

$2 \cdot 4 = \ldots$

⋮

2 Rechne mit den Kernaufgaben und mit Verdoppeln.

a) Setze aus Kernaufgaben zusammen.

$3 \cdot 4 =$ ☐ $6 \cdot 4 =$ ☐ $7 \cdot 4 =$ ☐

b) Verdopple.

$8 \cdot 4 =$ ☐ $4 \cdot 4 =$ ☐

c) Nutze Nachbaraufgaben.

$9 \cdot 4 =$ ☐ $4 \cdot 4 =$ ☐

Seite 24 Aufgabe 2

a) $2 \cdot 4 + 1 \cdot 4 = 3 \cdot 4$

$8 + 4 = \ldots$

b) $4 \cdot 4 + 4 \cdot 4 = 8 \cdot 4$

$16 + 16 = 32$

c) $10 \cdot 4 - 1 \cdot 4 = 9 \cdot 4$

$40 - 4 = \ldots$

* übersetzen Problemstellungen aus Punktebildern in die Sprache der Mathematik
* erkennen die Kernaufgaben und leiten daraus die weiteren Aufgaben des kleinen Einmaleins mit 4 ab
* nutzen Zahlbeziehungen und Rechengesetze für vorteilhaftes Rechnen

Einmaleinsaufgaben mit 4 lösen

1 Schreibe das gesamte Einmaleins mit 4 auf.
Schreibe die Kernaufgaben rot.

Seite 25 Aufgabe 1
Einmaleins mit 4
1 · 4 = 4
⋮

2 Löse die Aufgaben aus dem Einmaleins mit 4.
Schreibe die Kernaufgaben rot.

a) 3 · 4 = □
7 · 4 = □
1 · 4 = □
8 · 4 = □

b) 2 · 4 = □
6 · 4 = □
10 · 4 = □
4 · 4 = □

c) 12 = □ · 4
36 = □ · 4
24 = □ · 4
4 = □ · 4

d) 32 = □ · 4
8 = □ · 4
28 = □ · 4
16 = □ · 4

e) □ = 5 · 4
□ = 0 · 4
□ = 10 · 4
□ = 3 · 4

f) □ = 2 · 4
□ = 6 · 4
□ = 8 · 4
□ = 4 · 4

Seite 25 Aufgabe 2
a) 3 · 4 = 12 b) ...
⋮

3 Übertrage die Tabelle in dein Heft und fülle sie aus.

Seite 25 Aufgabe 3

Kühe	4	5	...
Beine	16	...	

Kühe	4	5	□	10	□	8	2	□	9	□
Beine	16	□	4	□	12	□	□	28	□	24

4 Übertrage die Tabelle in dein Heft und fülle sie aus. Setze fort bis 10 · 2 und 10 · 4. Besprich mit einem anderen Kind, was dir auffällt.

·	2	4
1	2	4
2	4	8
3	...	□
4	□	□
5	□	□
⋮	□	□

Seite 25 Aufgabe 4

·	2	4
1	2	4
2	...	
3		
⋮		

* lösen Aufgaben des kleinen Einmaleins mit 4
* übertragen eine Darstellung in eine andere
* entdecken und erklären Beziehungen und Gesetzmäßigkeiten und wenden diese an

Einmaleins mit 8 erarbeiten

1 Schreibe zu den Punktefeldern die passenden Kernaufgaben mit Lösungen auf. Nutze Tauschaufgaben.

1 · 8 = ▢

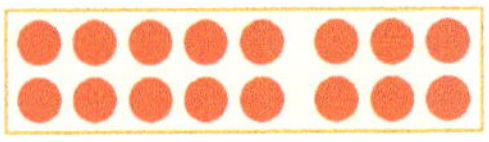

2 · 8 = ▢

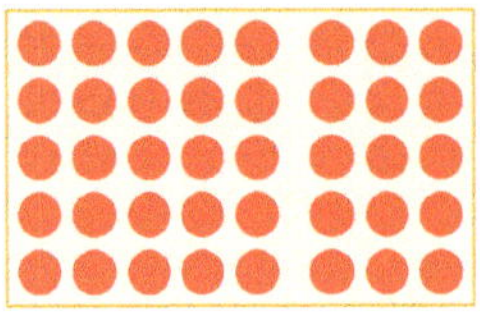

5 · 8 = ▢

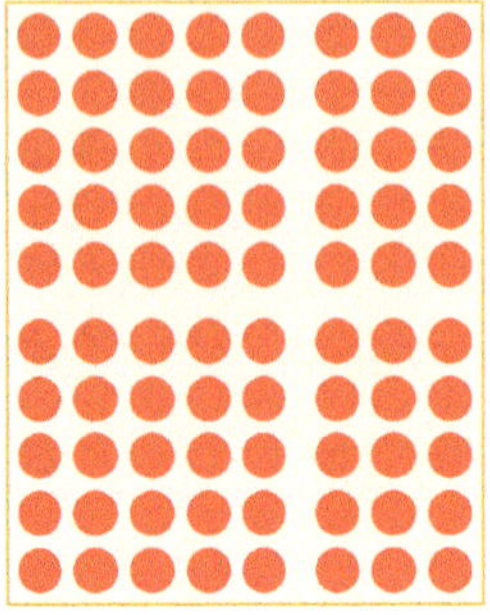

10 · 8 = ▢

Seite 26 Aufgabe 1

1 · 8 = 8
2 · 8 = …
5 · 8 = …
10 · 8 = …

2 Rechne mit Kernaufgaben, Tauschaufgaben und mit Verdoppeln.

a) Setze aus Kernaufgaben zusammen.

3 · 8 = ▢ 6 · 8 = ▢ 7 · 8 = ▢

b) Nutze Nachbaraufgaben.

9 · 8 = ▢ 4 · 8 = ▢

c) Nutze Tauschaufgaben. 4 · 8 = ▢

d) Verdopple. 8 · 8 = ▢

Seite 26 Aufgabe 2

a) 2 · 8 + 1 · 8 = 3 · 8
16 + 8 = …
b) 10 · 8 − 1 · 8 = 9 · 8
80 − 8 = …
c) 8 · 4 = … 4 · 8 = …
d) 4 · 8 + 4 · 8 = 8 · 8
32 + 32 = 64

3 Schreibe das gesamte Einmaleins mit 8 auf. Schreibe die Kernaufgaben rot.

Seite 26 Aufgabe 3

Einmaleins mit 8

1 · 8 = 8
⋮

−1 →
14 28 37

−1 →
30 72 85 51

−1 →
94 67 45 38 59

* übersetzen Problemstellungen aus Punktebildern in die Sprache der Mathematik
* erkennen die Kernaufgaben und leiten daraus die weiteren Aufgaben des kleinen Einmaleins mit 8 ab
* nutzen Zahlbeziehungen und Rechengesetze für vorteilhaftes Rechnen

1 Löse die Aufgaben aus dem Einmaleins mit 8.
Schreibe die Kernaufgaben rot.

a)	b)	c)
6 · 8 =	64 = · 8	= 1 · 8
5 · 8 =	72 = · 8	= 9 · 8
2 · 8 =	48 = · 8	= 8 · 8
7 · 8 =	24 = · 8	= 6 · 8
3 · 8 =	56 = · 8	= 5 · 8
4 · 8 =	80 = · 8	= 10 · 8

Seite 27 Aufgabe 1
a) 6 · 8 = 48
⋮
b) …

2 Übertrage die Tabelle in dein Heft und fülle sie aus. Setze fort bis 10 · 4 und 10 · 8. Bespriech mit einem anderen Kind, was dir auffällt.

·	4	8
1	4	8
2	8	16
3	…	
4		
5		
⋮		

Seite 27 Aufgabe 2

·	4	8
1	4	8
2	…	
3		
⋮		

3 Schreibe zu jeder Ergebniszahl Malaufgaben mit · 2, · 4 oder · 8.

8 40 24 36 6 16 20

Seite 27 Aufgabe 3
8 40 …
4 · 2 …
⋮

4 Suche dir ein anderes Kind. Übt gemeinsam die Aufgaben aus dem Einmaleins mit 4 und 8.

→ AH Seite 29
→ Ü Seite 29

★ lösen Aufgaben des kleinen Einmaleins mit 8
★ nutzen Zahlbeziehungen und Rechengesetze für vorteilhaftes Rechnen
★ entdecken Beziehungen zwischen den Einmaleinsreihen mit 2, 4 und 8

Einmaleins mit 3 erarbeiten

1 Schreibe zu den Punktefeldern die passenden Kernaufgaben mit Lösungen auf. Nutze Tauschaufgaben.

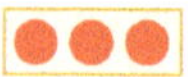

$1 \cdot 3 = \square$

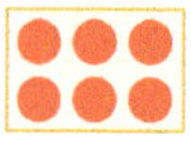

$2 \cdot 3 = \square$

$5 \cdot 3 = \square$

$10 \cdot 3 = \square$

Seite 28 Aufgabe 1

1 · 3 = 3
2 · 3 = …
5 · 3 = …
10 · 3 = …

2 Rechne mit Kernaufgaben und Tauschaufgaben.

a) Setze aus Kernaufgaben zusammen.

$3 \cdot 3 = \square$ $6 \cdot 3 = \square$ $7 \cdot 3 = \square$

b) Nutze Nachbaraufgaben. $9 \cdot 3 = \square$

c) Nutze Tauschaufgaben.

$4 \cdot 3 = \square$ $8 \cdot 3 = \square$

Seite 28 Aufgabe 2

a) 2 · 3 + 1 · 3 = 3 · 3
6 + 3 = …
b) 10 · 3 − 1 · 3 = 9 · 3
30 − 3 = …
c) 3 · 4 = … 4 · 3 = …
⋮

3 Schreibe das gesamte Einmaleins mit 3 auf. Schreibe die Kernaufgaben rot.

Seite 28 Aufgabe 3

Einmaleins mit 3

1 · 3 = 3
⋮

−1 → 70 51 28

−1 → 93 67 59 81

−1 → 78 46 38 19 25

* übersetzen Problemstellungen aus Punktebildern in die Sprache der Mathematik
* erkennen die Kernaufgaben und leiten daraus die weiteren Aufgaben des kleinen Einmaleins mit 3 ab
* nutzen Zahlbeziehungen und Rechengesetze für vorteilhaftes Rechnen

1 Löse die Aufgaben aus dem Einmaleins mit 3.
Schreibe die Kernaufgaben rot.

a)	b)	c)
5 · 3 = ▢	30 = ▢ · 3	▢ = 6 · 3
6 · 3 = ▢	3 = ▢ · 3	▢ = 8 · 3
2 · 3 = ▢	24 = ▢ · 3	▢ = 9 · 3
3 · 3 = ▢	27 = ▢ · 3	▢ = 1 · 3
4 · 3 = ▢	0 = ▢ · 3	▢ = 7 · 3
7 · 3 = ▢	15 = ▢ · 3	▢ = 0 · 3

Seite 29 Aufgabe 1
a) 5 · 3 = 15 b) ...
⋮

2 Berechne die Anzahl der Flügel und Windräder.

a) Berechne die Anzahl der Flügel.

3 Windräder haben ▢ Flügel.
5 Windräder haben ▢ Flügel.
7 Windräder haben ▢ Flügel.
▢ Windräder haben ▢ Flügel.

Seite 29 Aufgabe 2
a) 3 · 3 = 9 9 Flügel
⋮

b) Berechne die Anzahl der Windräder.

▢ Windräder haben 6 Flügel.
▢ Windräder haben 18 Flügel.
▢ Windräder haben 30 Flügel.
▢ Windräder haben ▢ Flügel.

b) 2 · 3 = 6 2 Windräder
⋮

c) Zeichne die Tabelle ins Heft und fülle sie aus.
Setze fort bis 10 Windräder.

Windräder	Flügel
1	3
⋮	⋮

c)

Windräder	Flügel
1	3
2	...
⋮	

* lösen Aufgaben des kleinen Einmaleins mit 3
* übertragen eine Darstellung in eine andere
* entdecken und erklären Beziehungen und Gesetzmäßigkeiten und wenden diese an

Einmaleins mit 6 erarbeiten

1 Schreibe zu den Punktefeldern die passenden Kernaufgaben mit Lösungen auf. Nutze Tauschaufgaben.

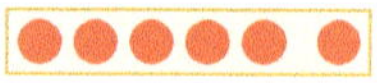
1 · 6 = ■

2 · 6 = ■

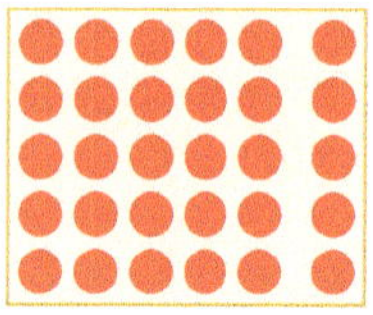
5 · 6 = ■

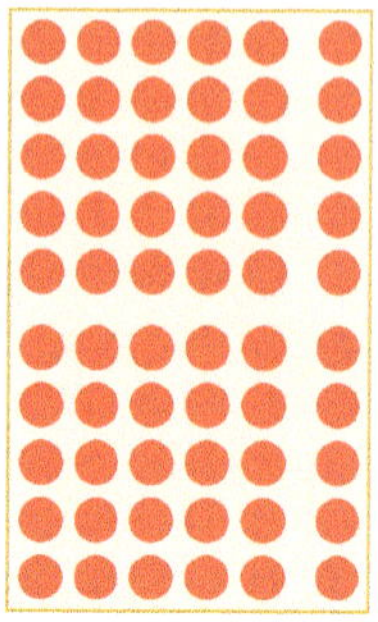
10 · 6 = ■

Seite 30 Aufgabe 1

1 · 6 = 6
2 · 6 = ...
5 · 6 = ...
10 · 6 = ...

2 Rechne mit den Tauschaufgaben und Kernaufgaben.

a) Nutze Tauschaufgaben.

3 · 6 = ■   4 · 6 = ■   8 · 6 = ■

b) Setze aus Kernaufgaben zusammen.

6 · 6 = ■   7 · 6 = ■

c) Nutze Nachbaraufgaben.   9 · 6 = ■

Seite 30 Aufgabe 2

a) 6 · 3 = 18
3 · 6 = ...

b) 5 · 6 + 1 · 6 = 6 · 6
30 + 6 = ...

c) 10 · 6 − 1 · 6 = 9 · 6
60 − 6 = ...

3 Schreibe das gesamte Einmaleins mit 6 auf.
Schreibe die Kernaufgaben rot.

Seite 30 Aufgabe 3

Einmaleins mit 6

1 · 6 = 6
⋮

4 Suche dir ein anderes Kind. Übt gemeinsam die Aufgaben aus dem Einmaleins mit 3 und 6.

⋆ übersetzen Problemstellungen aus Punktebildern in die Sprache der Mathematik
⋆ erkennen die Kernaufgaben und leiten daraus die weiteren Aufgaben des kleinen Einmaleins mit 6 ab
⋆ nutzen Zahlbeziehungen und Rechengesetze für vorteilhaftes Rechnen

Einmaleinsaufgaben mit 6 lösen

1 Bestimme, wie viele Beine die Käfer haben. Schreibe und rechne.

1 Käfer: ▢ Beine	3 Käfer: ▢ Beine
0 Käfer: ▢ Beine	4 Käfer: ▢ Beine
5 Käfer: ▢ Beine	9 Käfer: ▢ Beine
7 Käfer: ▢ Beine	6 Käfer: ▢ Beine
2 Käfer: ▢ Beine	8 Käfer: ▢ Beine

Seite 31 Aufgabe 1

Käfer	Beine
1	6
0	…
⋮	

2 Löse die Aufgaben aus dem Einmaleins mit 6.
Schreibe die Kernaufgaben rot.

a)	b)	c)
2 · 6 = ▢	54 = ▢ · 6	▢ = 3 · 6
5 · 6 = ▢	18 = ▢ · 6	▢ = 8 · 6
6 · 6 = ▢	48 = ▢ · 6	▢ = 4 · 6
0 · 6 = ▢	30 = ▢ · 6	▢ = 1 · 6
9 · 6 = ▢	24 = ▢ · 6	▢ = 7 · 6
7 · 6 = ▢	60 = ▢ · 6	▢ = 6 · 6
3 · 6 = ▢	36 = ▢ · 6	▢ = 9 · 6
8 · 6 = ▢	12 = ▢ · 6	▢ = 5 · 6

Seite 31 Aufgabe 2

a) 2 · 6 = 12 b) …

⋮

3 Übertrage die Tabelle in dein Heft und fülle sie aus. Setze fort bis 10 · 3 und 10 · 6. Besprich mit einem anderen Kind, was dir auffällt.

·	3	6
1	3	6
2	6	12
3	…	▢
4	▢	▢
5	▢	▢
⋮	▢	▢

Seite 31 Aufgabe 3

·	3	6
1	3	6
2	…	
3		
⋮		

* lösen Aufgaben des kleinen Einmaleins mit 6
* übertragen eine Darstellung in eine andere
* entdecken und erklären Beziehungen und Gesetzmäßigkeiten und wenden diese an

Einmaleins mit 9 erarbeiten

1 Schreibe zu den Punktefeldern die passenden Kernaufgaben mit Lösungen auf. Nutze Tauschaufgaben.

$1 \cdot 9 = \square$

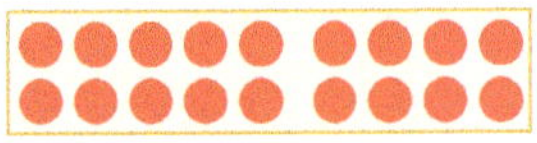
$2 \cdot 9 = \square$

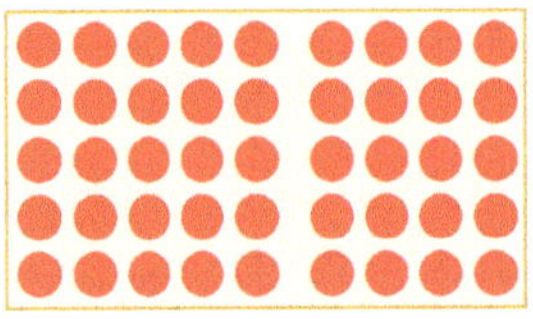
$5 \cdot 9 = \square$

$10 \cdot 9 = \square$

Seite 32 Aufgabe 1
1 · 9 = 9
2 · 9 = ...
5 · 9 = ...
10 · 9 = ...

2 Rechne mit Tauschaufgaben und Kernaufgaben.

a) Nutze Tauschaufgaben.

$3 \cdot 9 = \square$ $\quad 4 \cdot 9 = \square$
$6 \cdot 9 = \square$ $\quad 8 \cdot 9 = \square$

b) Setze aus Kernaufgaben zusammen.

$7 \cdot 9 = \square$

c) Nutze Nachbaraufgaben.

$9 \cdot 9 = \square$

Seite 32 Aufgabe 2
a) 9 · 3 = ... 3 · 9 = ...
⋮
b) 5 · 9 + 2 · 9 = 7 · 9
45 + 18 = 63
c) 10 · 9 − 1 · 9 = 9 · 9
90 − 9 = ...

3 Schreibe das gesamte Einmaleins mit 9 auf. Schreibe die Kernaufgaben rot.

Seite 32 Aufgabe 3
Einmaleins mit 9
1 · 9 = 9
⋮

−1 → 47 91 58

−1 → 63 100 85 51

−1 → 95 19 40 38 61

* übersetzen Problemstellungen aus Punktebildern in die Sprache der Mathematik
* erkennen die Kernaufgaben und leiten daraus die weiteren Aufgaben des kleinen Einmaleins mit 9 ab
* nutzen Zahlbeziehungen und Rechengesetze für vorteilhaftes Rechnen

Einmaleinsaufgaben mit 3, 6, 9 lösen

1 Löse die Aufgaben aus dem Einmaleins mit 9.
Schreibe die Kernaufgaben rot.

a)	b)	c)
1 · 9 = ▢	18 = ▢ · 9	▢ = 6 · 9
4 · 9 = ▢	45 = ▢ · 9	▢ = 0 · 9
7 · 9 = ▢	54 = ▢ · 9	▢ = 9 · 9
9 · 9 = ▢	0 = ▢ · 9	▢ = 2 · 9
8 · 9 = ▢	90 = ▢ · 9	▢ = 5 · 9

Seite 33 Aufgabe 1
a) 1 · 9 = 9 b) …
⋮

2 Schreibe zu jeder Ergebniszahl Malaufgaben mit · 3, · 6 oder · 9.

6 27 15 24 36 9 18 30

Seite 33 Aufgabe 2
6 27 …
2 · 3 …
⋮

3 Suche dir ein anderes Kind. Übt gemeinsam die Aufgaben aus dem Einmaleins mit 9.

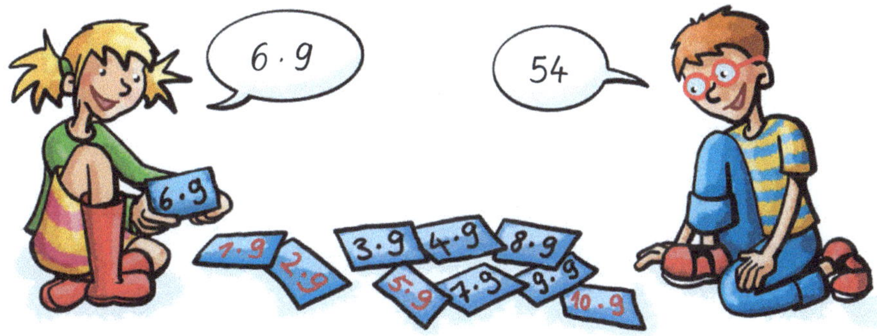

4 Ergänze die Malaufgaben zu den vorgegebenen Ergebniszahlen.

a) 18	b) 12	c) 24
▢ · 2 = 18	▢ · 2 = 12	▢ · 3 = 24
▢ · 3 = 18	▢ · 3 = 12	▢ · 4 = 24
▢ · 6 = 18	▢ · 4 = 12	▢ · 6 = 24
▢ · 9 = 18	▢ · 6 = 12	▢ · 8 = 24

d) 30	e) 40	f) 36
▢ · 3 = 30	▢ · 4 = 40	▢ · 4 = 36
▢ · 5 = 30	▢ · 5 = 40	▢ · 6 = 36
▢ · 6 = 30	▢ · 8 = 40	▢ · 9 = 36
▢ · 10 = 30	▢ · 10 = 40	

Seite 33 Aufgabe 4
a) 9 · 2 = 18 b) …
⋮

→ AH Seite 30
→ Ü Seite 30

* lösen Aufgaben des kleinen Einmaleins mit 9
* nutzen Zahlbeziehungen und Rechengesetze für vorteilhaftes Rechnen
* entdecken Beziehungen zwischen den Einmaleinsreihen mit 3, 6 und 9

Einmaleins mit 7 erarbeiten

1 Schreibe zu den Punktefeldern die passenden Kernaufgaben mit Lösungen auf. Nutze Tauschaufgaben.

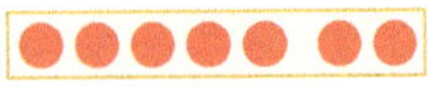
1 · 7 = ▢

2 · 7 = ▢

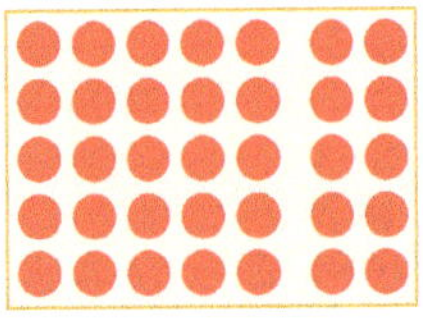
5 · 7 = ▢

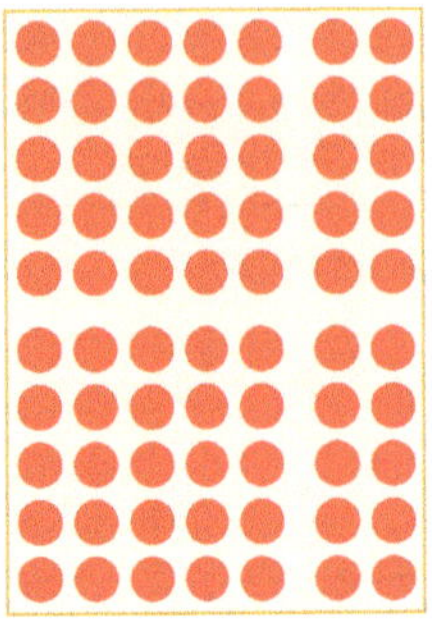
10 · 7 = ▢

Seite 34 Aufgabe 1

1 · 7 = 7
2 · 7 = ...
5 · 7 = ...
10 · 7 = ...

2 Rechne mit Tauschaufgaben und Kernaufgaben.

a) Nutze Tauschaufgaben.

3 · 7 = ▢
4 · 7 = ▢
6 · 7 = ▢
8 · 7 = ▢
9 · 7 = ▢

b) Setze aus Kernaufgaben zusammen.

7 · 7 = ▢

Seite 34 Aufgabe 2

a) 7 · 3 = ...   3 · 7 = ...
⋮

b) 5 · 7 + 2 · 7 = 7 · 7
35 + 14 = 49

3 Schreibe das gesamte Einmaleins mit 7 auf. Schreibe die Kernaufgaben rot.

Seite 34 Aufgabe 3

Einmaleins mit 7

1 · 7 = 7
⋮

−1 →
36 18 25

−1 →
71 43 56 82

−1 →
17 93 24 68 41

⋆ übersetzen Problemstellungen aus Punktebildern in die Sprache der Mathematik
⋆ erkennen die Kernaufgaben und leiten daraus die weiteren Aufgaben des kleinen Einmaleins mit 7 ab
⋆ nutzen Zahlbeziehungen und Rechengesetze für vorteilhaftes Rechnen

Einmaleinsaufgaben mit 7 lösen

1 Löse die Aufgaben aus dem Einmaleins mit 7.

a) 3 · 7 = ☐
5 · 7 = ☐
7 · 7 = ☐
6 · 7 = ☐
2 · 7 = ☐

b) 8 · 7 = ☐
9 · 7 = ☐
4 · 7 = ☐
0 · 7 = ☐
10 · 7 = ☐

c) 7 = ☐ · 7
49 = ☐ · 7
63 = ☐ · 7
70 = ☐ · 7
28 = ☐ · 7

d) 56 = ☐ · 7
0 = ☐ · 7
35 = ☐ · 7
14 = ☐ · 7
42 = ☐ · 7

e) ☐ = 0 · 7
☐ = 5 · 7
☐ = 6 · 7
☐ = 2 · 7
☐ = 3 · 7

f) ☐ = 9 · 7
☐ = 1 · 7
☐ = 7 · 7
☐ = 4 · 7
☐ = 8 · 7

Seite 35 Aufgabe 1
a) 3 · 7 = 21
...
b) ...

2

a) Berechne die Anzahl der Fenster.

In 2 Stockwerken: ☐ Fenster
In 8 Stockwerken: ☐ Fenster
In 5 Stockwerken: ☐ Fenster
In 3 Stockwerken: ☐ Fenster
In 9 Stockwerken: ☐ Fenster
In 4 Stockwerken: ☐ Fenster
In 1 Stockwerk: ☐ Fenster

Seite 35 Aufgabe 2
a) 2 · 7 = 14
14 Fenster
⋮

b) Übertrage die Tabelle in dein Heft und fülle sie aus.

Stockwerke	3	☐	4	☐	1	☐	8	☐	5	☐
Fenster	21	14	☐	42	☐	49	☐	63	☐	70

b) Stockwerke	*3*	*...*
Fenster	*21*	*...*

→ AH Seite 31
→ Ü Seite 31

⋆ lösen Aufgaben des kleinen Einmaleins mit 7
⋆ übertragen eine Darstellung in eine andere
⋆ entdecken und erklären Beziehungen und Gesetzmäßigkeiten und wenden diese an

Mit der Einmaleinstafel üben

1 Bestimme die Ergebnisse, die hinter den Bildern versteckt sind.

·	1	2	3	4	5	6	7	8	9	10
1	1	2	3	4		6	7	8	9	10
2	2	4	6	8	10	12		16		20
3	3	6		12	15	18	21	24	27	30
4	4		12	16	20	24	28	32	36	40
5	5	10	15	20	25	30	35	40	45	
6		12	18	24	30	36	42	48	54	60
7	7	14	21	28	35	42	49	56	63	70
8	8	16	24	32	40	48	56		72	80
9	9	18	27	36		54	63	72	81	90
10	10	20		40	50	60	70	80	90	100

Seite 36 Aufgabe 1
B: 5
M:
V:
Sch:
K:
U:
F:
I:
P:
H:

2 Lies die Aufgaben in der Einmaleinstafel ab, die zu den Quadratzahlen gehören. Schreibe sie auf. Zeichne immer ein passendes Bild dazu.

Seite 36 Aufgabe 2
1 · 1 = 1   2 · 2 = 4   3 · 3 = 9   …

3 Rechne mit den Quadratzahlen. Löse die Aufgaben. Schreibe zu jeder Aufgabe die beiden Nachbaraufgaben mit Lösungen auf.

a) 6 · 6 = ▢   b) 5 · 5 = ▢   c) 8 · 8 = ▢
d) 2 · 2 = ▢   e) 7 · 7 = ▢   f) ▢ · ▢ = ▢

Seite 36 Aufgabe 3
a) 6 · 6 + 1 · 6 = 7 · 6   b) …
36 + 6 = …
6 · 6 − 1 · 6 = 5 · 6
36 − 6 = …

4 Suche dir ein anderes Kind. Stellt euch gegenseitig Aufgaben zur Einmaleinstafel.

⋆ entdecken und beschreiben die Struktur einer Einmaleinstafel
⋆ erklären Beziehungen an Beispielen und vollziehen Begründungen anderer nach
⋆ stellen die Quadratzahlen in einem anderen Anschauungsmodell dar

1 Wie rechnest du die Aufgabe 6 · 7?
Vergleiche mit anderen Kindern.

2 Rechne mit den Kernaufgaben. 1 · ▢ 2 · ▢ 5 · ▢ 10 · ▢

a) 9 · 7 = ▢ b) 6 · 4 = ▢
c) 3 · 8 = ▢ d) 4 · 9 = ▢
e) 7 · 6 = ▢ f) 8 · 3 = ▢

Seite 37 Aufgabe 2
a) 10 · 7 – 1 · 7 = 9 · 7 b) ...
70 – 7 = 63

3 Rechne mit Nachbaraufgaben wie Einstern.

a) 9 · 6 = ▢ b) 9 · 4 = ▢
c) 9 · 5 = ▢ d) 9 · 7 = ▢
e) 9 · 8 = ▢ f) 9 · 3 = ▢

Seite 37 Aufgabe 3
a) 10 · 6 – 1 · 6 = 9 · 6 b) ...
60 – 6 = 54

4 Rechne mit Verdoppeln.

a) 6 · 3 = ▢ b) 4 · 7 = ▢ c) 8 · 4 = ▢
d) 6 · 5 = ▢ e) 4 · 6 = ▢ f) 8 · 3 = ▢

Seite 37 Aufgabe 4
a) 3 · 3 = 9 b) ...
6 · 3 = 18

5 Rechne mit deinem Rechenweg.

a) 9 · 6 = ▢ b) 6 · 7 = ▢ c) 8 · 5 = ▢
d) 4 · 8 = ▢ e) 3 · 9 = ▢ f) 7 · 3 = ▢

Seite 37 Aufgabe 5
a) ...

* beschreiben Rechenwege für andere nachvollziehbar und verwenden dabei geeignete Fachbegriffe
* erläutern ihre Begründungen zusammen mit anderen

Einmaleinsaufgaben üben (1)

1 Rechne mit deinem Rechenweg.

a) 6 · 8 = ☐
5 · 3 = ☐
9 · 4 = ☐
7 · 5 = ☐
5 · 6 = ☐
9 · 7 = ☐

b) 3 · 9 = ☐
6 · 4 = ☐
2 · 0 = ☐
7 · 3 = ☐
8 · 9 = ☐
3 · 6 = ☐

c) 4 · 7 = ☐
8 · 5 = ☐
5 · 2 = ☐
3 · 8 = ☐
8 · 6 = ☐
0 · 7 = ☐

Seite 38 Aufgabe 1
a) ...

d) 4 · 2 = ☐
6 · 6 = ☐
2 · 5 = ☐
4 · 9 = ☐
7 · 6 = ☐
5 · 8 = ☐

e) 10 · 9 = ☐
2 · 8 = ☐
5 · 4 = ☐
6 · 3 = ☐
8 · 2 = ☐
7 · 7 = ☐

f) 9 · 6 = ☐
7 · 8 = ☐
9 · 5 = ☐
4 · 3 = ☐
9 · 8 = ☐
9 · 9 = ☐

2 Löse die Aufgaben.

a) ·1 | ·10
☐ · 1 = 5
☐ · 10 = 50
☐ · 10 = 60
3 · 1 = ☐
3 · 10 = ☐

b) ·2 | ·4
3 · 2 = ☐
3 · 4 = ☐
☐ · 2 = 18
☐ · 2 = 0
7 · 4 = ☐

c) ·4 | ·8
☐ · 8 = 32
☐ · 4 = 32
2 · 8 = ☐
4 · 4 = ☐
☐ · 8 = 64

Seite 38 Aufgabe 2
a) 5 · 1 = 5 b) ...
⋮

d) ·3 | ·6
2 · 3 = ☐
2 · 6 = ☐
4 · 6 = ☐
☐ · 6 = 48
☐ · 3 = 24

e) ·3 | ·9
2 · 3 = ☐
2 · 9 = ☐
☐ · 9 = 45
☐ · 9 = 54
3 · 3 = ☐

f) ·5 | ·10
5 · 5 = ☐
5 · 10 = ☐
☐ · 10 = 40
☐ · 5 = 20
3 · 5 = ☐

g) ·7
3 · 7 = ☐
5 · 7 = ☐
☐ · 7 = 56
☐ · 7 = 14
☐ · 7 = 42

* lösen Aufgaben des kleinen Einmaleins
* nutzen Zahlbeziehungen und Rechengesetze für vorteilhaftes Rechnen
* nutzen Beziehungen zwischen Einmaleinsreihen

→ AH Seite 32
→ Ü Seite 32

1 Suche dir ein anderes Kind.
Löst gemeinsam Aufgaben aus dem Einmaleins.

2 Rechne in deinem Heft.

a)	b)	c)
▢ · 3 = 21	▢ · 9 = 27	▢ · 1 = 7
▢ · 2 = 16	▢ · 7 = 42	▢ · 5 = 45
▢ · 4 = 36	▢ · 4 = 28	▢ · 2 = 18
▢ · 6 = 30	▢ · 6 = 0	▢ · 8 = 32
▢ · 7 = 0	▢ · 8 = 56	▢ · 7 = 21

Seite 39 Aufgabe 2
a) 7 · 3 = 21 b) ...
⋮

3 Setze passend <, > oder = ein.

a)	b)
3 · 5 ○ 12	6 · 4 ○ 3 · 8
6 · 4 ○ 25	2 · 9 ○ 7 · 3
9 · 2 ○ 20	8 · 3 ○ 5 · 4
7 · 3 ○ 21	3 · 7 ○ 4 · 6
7 · 6 ○ 50	5 · 9 ○ 9 · 6
8 · 8 ○ 60	2 · 6 ○ 3 · 4

Seite 39 Aufgabe 3
a) 3 · 5 > 12 b) ...
⋮

4 Suche dir Zahlen aus und finde möglichst viele Malaufgaben dazu.
Du kannst dir auch eigene Zahlen überlegen.
Zu welcher Zahl findest du die meisten Aufgaben?

Seite 39 Aufgabe 4
24 20 ...
3 · 8 ...
⋮

Geteiltaufgaben kennenlernen – Aufteilen

Es sind 20 Brezeln.
Immer 4 werden in eine Tüte verpackt.

1 Löse die Aufgaben.

a) Es sind 30 Brezeln.
Immer 5 werden in eine Tüte verpackt.

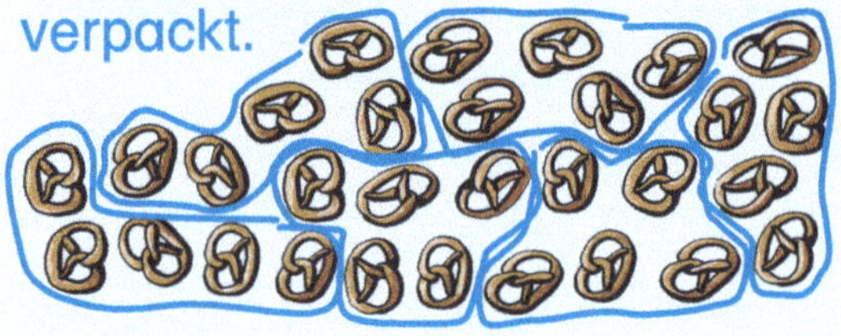

30 : 5 = 6 Es sind 6 Tüten.

Seite 40 Aufgabe 1
a) 3 0 : 5 = 6
Es sind 6 Tüten.
b) ...

b) Es sind 18 Brötchen.
Immer 3 werden in eine Tüte verpackt.

18 : 3 = ___ Es sind ___ Tüten.

c) Es sind 12 Hörnchen.
Immer 4 werden in eine Tüte verpackt.

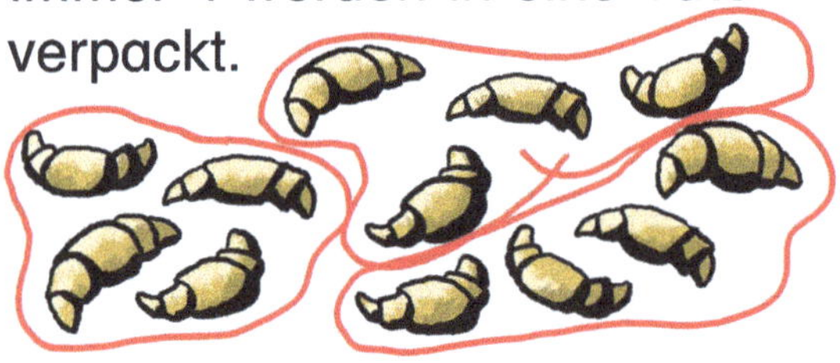

12 : 4 = ___ Es sind ___ Tüten.

d) Es sind 24 Törtchen.
Immer 6 werden in eine Tüte verpackt.

24 : 6 = ___ Es sind ___ Tüten.

e) Es sind 21 Windbeutel.
Immer 7 werden in eine Tüte verpackt.

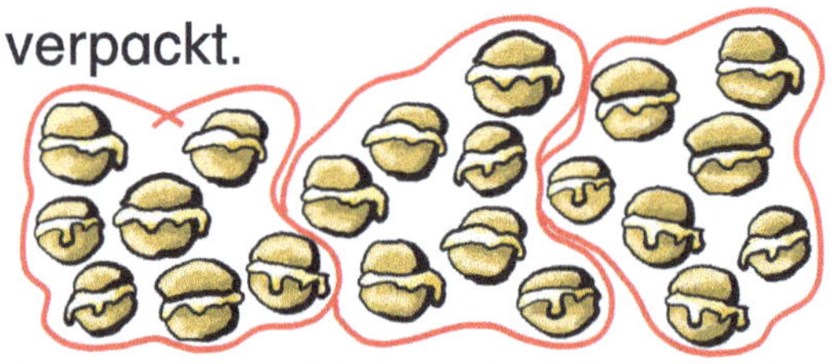

21 : 7 = ___ Es sind ___ Tüten.

2 Finde selbst ein Beispiel, bei dem etwas aufgeteilt wird. Schreibe, male und rechne.

Seite 40 Aufgabe 2
...

* übersetzen Problemstellungen aus Darstellungen der Lebenswirklichkeit in die Sprache der Mathematik
* übertragen eine Darstellung in eine andere
* ordnen Sachsituationen den Grundrechenarten zu

Zu Bildern Geteiltaufgaben finden – Aufteilen

1 Suche dir ein anderes Kind. Legt die Aufgaben mit Steckwürfeln.

12 : 4	15 : 3
25 : 5	18 : 6
32 : 8	14 : 2
24 : 4	28 : 7

2 Schreibe zu jedem Bild eine Geteiltaufgabe.

a) 

b) 

Seite 41 Aufgabe 2
a) 12 : 2 = 6 b) ...

c) 

d) 

e) 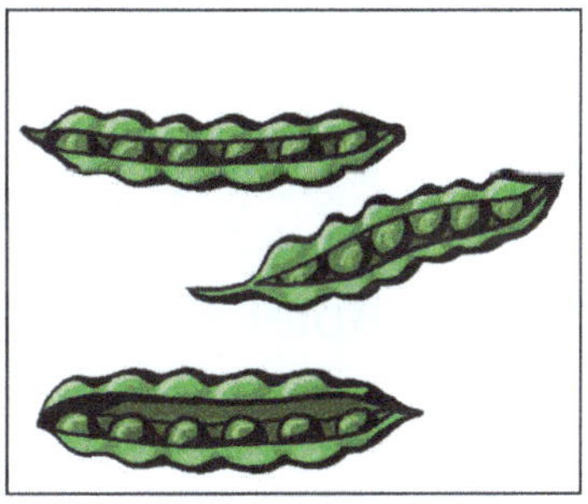

f) 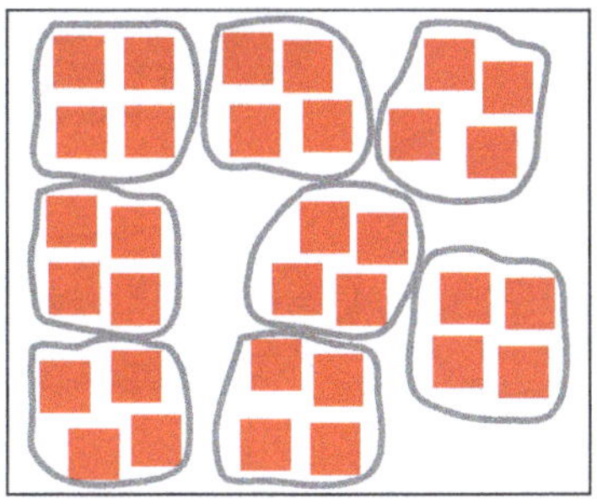

g) 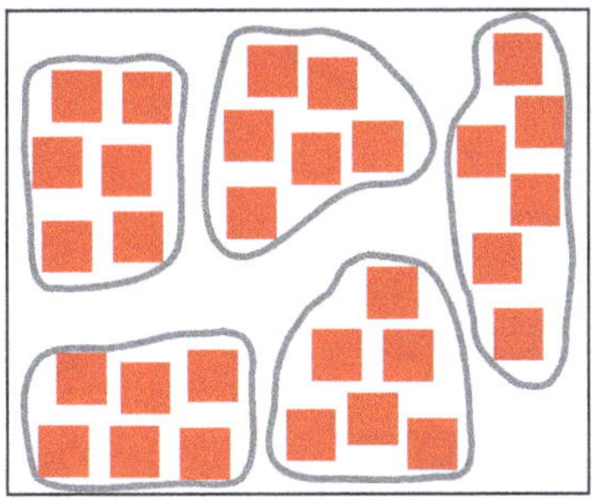

h) 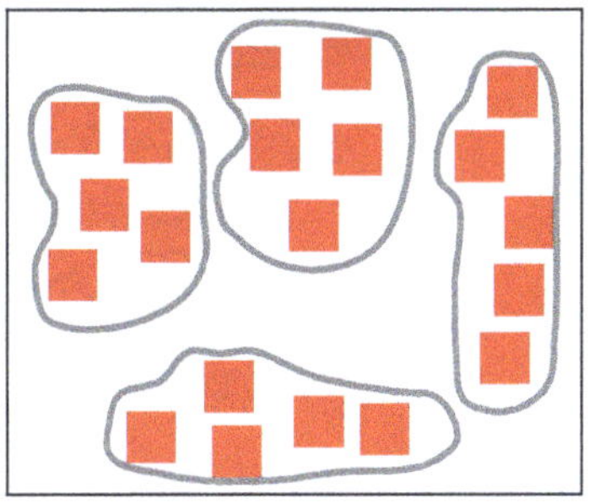

3 Zeichne selbst Bilder und löse die Aufgaben.

a) 15 : 5 = ☐ b) 20 : 4 = ☐ c) 30 : 5 = ☐

d) 24 : 6 = ☐ e) 14 : 7 = ☐ f) 16 : 2 = ☐

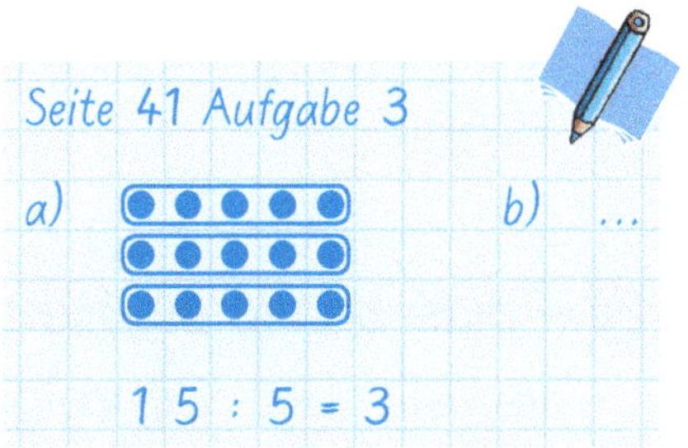

→ AH Seite 33

⋆ übertragen eine Darstellung in eine andere und wechseln zwischen verschiedenen Darstellungsformen
⋆ erklären Beziehungen und Gesetzmäßigkeiten an Beispielen und vollziehen Begründungen anderer nach
⋆ ordnen Sachsituationen den Grundrechenarten zu

1 Löse die Aufgaben.

a)

Seite 42 Aufgabe 1

a) 12 : 3 = 4

Jedes Kind erhält 4 Karten.

12 Karten werden an 3 Kinder verteilt.

12 : 3 = 4
Jedes Kind erhält 4 Karten.

b)

28 Äpfel werden auf 4 Tüten verteilt.

28 : 4 = ☐
In jeder Tüte sind ☐ Äpfel.

c)

20 Kekse werden auf 5 Teller verteilt.

20 : 5 = ☐
Auf jedem Teller sind ☐ Kekse.

2 Finde selbst ein Beispiel, bei dem etwas verteilt wird. Schreibe, male und rechne.

Seite 42 Aufgabe 2

...

* übersetzen Problemstellungen des Verteilens aus Sachsituationen in die Sprache der Mathematik
* übertragen eine Darstellung in eine andere
* ordnen Sachsituationen den Grundrechenarten zu

→ AH Seite 34

1 Suche dir andere Kinder. Verteilt Karten an die Kinder.

12 Karten an 3 Kinder
12 : 3

20 Karten an 4 Kinder
20 : 4

18 Karten an 2 Kinder
18 : 2

2 Zeichne zu jedem Bild ein Punktebild und schreibe eine Geteiltaufgabe.

a)

b)

c)

d)

3 Zeichne selbst Bilder und löse die Aufgaben.

a) 15 : 3 =
b) 25 : 5 =
c) 12 : 2 =
d) 24 : 4 =
e) 18 : 6 =
f) 21 : 3 =

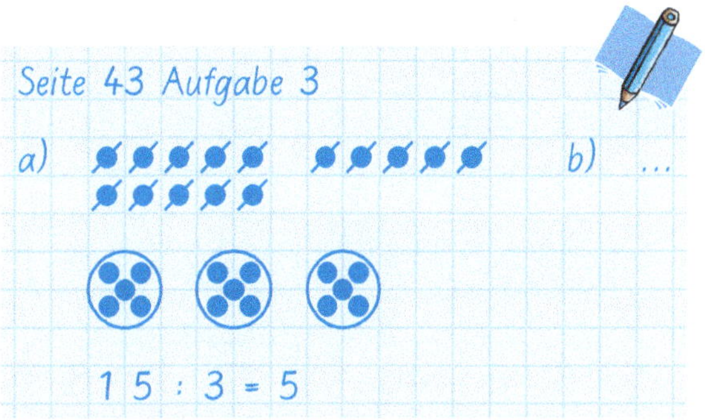

⋆ übertragen eine Darstellung in eine andere und wechseln zwischen verschiedenen Darstellungsformen
⋆ erklären Beziehungen und Gesetzmäßigkeiten an Beispielen und vollziehen Begründungen anderer nach
⋆ ordnen Sachsituationen den Grundrechenarten zu

Zu Geteiltaufgaben passende Malaufgaben finden

1 Schreibe zu jedem Bild eine Geteiltaufgabe und eine Malaufgabe.

a) 

Seite 44 Aufgabe 1

a) 20 : 5 = 4 b) ...

4 · 5 = 20

b) 

c) 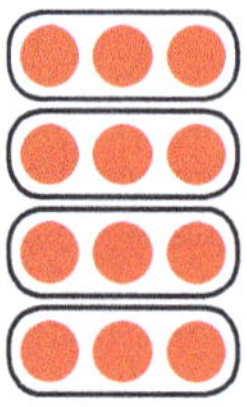

d) 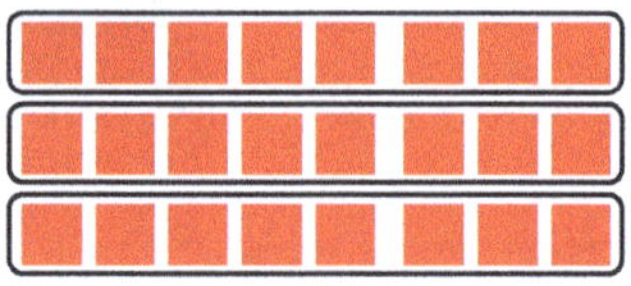

e) 

f) 

g) 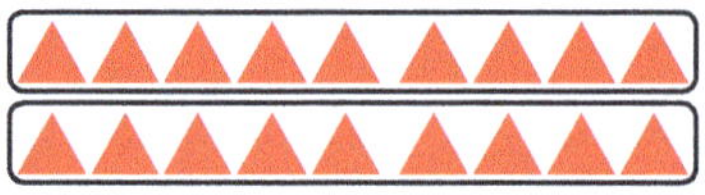

2 Schreibe Geteilt- und Malaufgaben auf.

a) 14 $\underset{\cdot 2}{\overset{:2}{\rightleftarrows}}$ ☐

b) 27 $\underset{\cdot 3}{\overset{:3}{\rightleftarrows}}$ ☐

c) 32 $\underset{\cdot 4}{\overset{:4}{\rightleftarrows}}$ ☐

d) 48 $\underset{\cdot 8}{\overset{:8}{\rightleftarrows}}$ ☐

e) 54 $\underset{\cdot 6}{\overset{:6}{\rightleftarrows}}$ ☐

f) 42 $\underset{\cdot 7}{\overset{:7}{\rightleftarrows}}$ ☐

Seite 44 Aufgabe 2

a) 14 : 2 = 7 b) ...

7 · 2 = 14

3 Suche Geteiltaufgaben und Malaufgaben, die zusammengehören.

4 · 3 = 12	15 : 3 = 5	36 : 4 = 9		
9 · 6 = 54	5 · 3 = 15	8 · 5 = 40		
12 : 3 = 4	40 : 5 = 8	6 · 2 = 12	48 : 8 = 6	54 : 6 = 9
6 · 8 = 48	12 : 2 = 6	9 · 4 = 36	35 : 7 = 5	5 · 7 = 35

Seite 44 Aufgabe 3

12 : 3 = 4 ...

4 · 3 = 12

* entdecken, beschreiben und nutzen die Operationseigenschaft Umkehrbarkeit an Beispielen
* übertragen eine Darstellung in andere

→ AH Seite 35
→ Ü Seite 33

Geteiltaufgaben und Malaufgaben finden und lösen

1 Schreibe zu 3 Zahlen jeweils 4 Aufgaben.

a) 9 2 18 b) 7 56 8

c) 3 4 12 d) 48 6 8

e) 5 7 35 f) 5 25 5

Seite 45 Aufgabe 1

a) 9 · 2 = 18 b) ...

18 : 2 = 9

2 · 9 = 18

18 : 9 = 2

2 Löse die Aufgaben.

a)	b)	c)
12 : 1 =	18 : 1 =	24 : 3 =
12 : 2 =	18 : 2 =	24 : 4 =
12 : 3 =	18 : 3 =	24 : 6 =
12 : 4 =	18 : 6 =	24 : 8 =
12 : 6 =	18 : 9 =	24 : 2 =
12 : 12 =	18 : 18 =	24 : 1 =

Seite 45 Aufgabe 2

a) 12 : 1 = 12 b) ...

⋮

3 In jedem Päckchen findest du zwei falsch gelöste Aufgaben.
Schreibe sie mit dem richtigen Ergebnis auf.

a)	b)	c)
24 : 3 = 8	24 : 6 = 8	28 : 4 = 8
42 : 6 = 6	56 : 7 = 8	48 : 6 = 8
63 : 7 = 9	32 : 8 = 4	15 : 3 = 5
72 : 8 = 9	35 : 5 = 8	27 : 9 = 7
54 : 6 = 4	36 : 4 = 9	49 : 7 = 7

Seite 45 Aufgabe 3

a) 42 : 6 = 7 b) ...

⋮

4 Löse die Aufgabenpaare.
Besprich mit einem anderen Kind, was dir auffällt.

a)	b)	c)
16 : 4 =	20 : 5 =	12 : 3 =
16 : 8 =	20 : 10 =	12 : 6 =

d)	e)	f)
12 : 4 =	16 : 8 =	9 : 3 =
24 : 4 =	32 : 8 =	18 : 3 =

g) Finde selbst Aufgabenpaare.

Seite 45 Aufgabe 4

a) 16 : 4 = 4 b) ...

16 : 8 = 2

* wenden bereits vorhandene Kenntnisse und Fähigkeiten an und überprüfen Ergebnisse
* denken über Beziehungen bei Aufgabenpaaren nach
* nutzen Operationseigenschaften bei der Erstellung von Aufgaben

1 Löse die Geteiltaufgaben.
Kontrolliere deine Ergebnisse mit der Umkehraufgabe.

a) 30 : 5 = ☐
denn ☐ · 5 = 30

b) 28 : 4 = ☐
denn ☐ · 4 = 28

c) 27 : 3 = ☐
denn ☐ · 3 = 27

d) 42 : 6 = ☐
denn ☐ · 6 = 42

Seite 46 Aufgabe 1
a) 30 : 5 = 6 b) ...
denn 6 · 5 = 30

2 Löse die Geteiltaufgaben.
Kontrolliere deine Ergebnisse mit der Umkehraufgabe.

a)
24 : 3 = ☐
30 : 6 = ☐
18 : 2 = ☐
20 : 4 = ☐
35 : 5 = ☐

b)
49 : 7 = ☐
54 : 6 = ☐
64 : 8 = ☐
18 : 9 = ☐
32 : 4 = ☐

c)
45 : 5 = ☐
63 : 9 = ☐
18 : 3 = ☐
24 : 6 = ☐
27 : 9 = ☐

Seite 46 Aufgabe 2
a) 24 : 3 = 8 b) ...
denn 8 · 3 = 24
⋮

3 Finde die fehlenden Zahlen.
Die Umkehraufgabe kann dir helfen.

a)
35 : ☐ = 7
36 : 4 = ☐
☐ : 5 = 4
42 : ☐ = 7
24 : 6 = ☐

b)
☐ : 4 = 4
25 : ☐ = 5
30 : 6 = ☐
☐ : 4 = 8
54 : 9 = ☐

c)
12 : 3 = ☐
☐ : 5 = 3
48 : ☐ = 6
☐ : 9 = 3
18 : ☐ = 6

Seite 46 Aufgabe 3
a) 35 : 5 = 7 b) ...
⋮

★ nutzen Rechengesetze zur Überprüfung ihrer Lösungen
★ lösen Aufgaben des kleinen Einmaleins

→ AH Seiten 36 und 37
→ Ü Seite 34

Verdoppeln und halbieren

1 Schreibe die Verdopplungsaufgabe auf.

a) 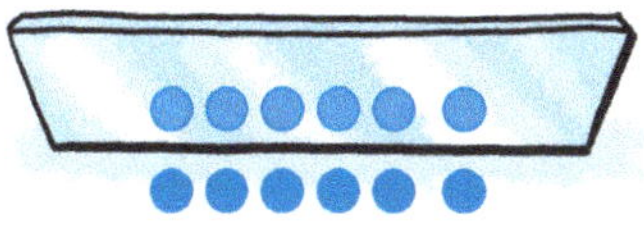
b) 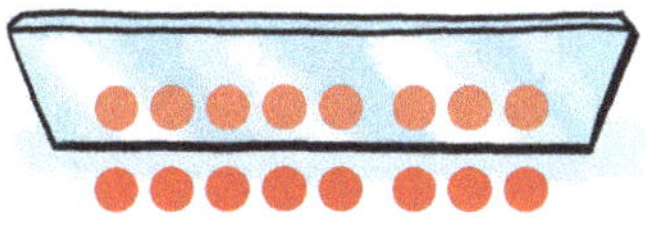
c) 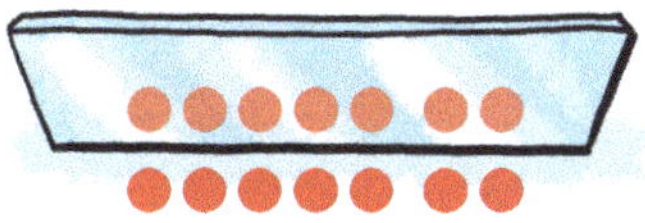
d) 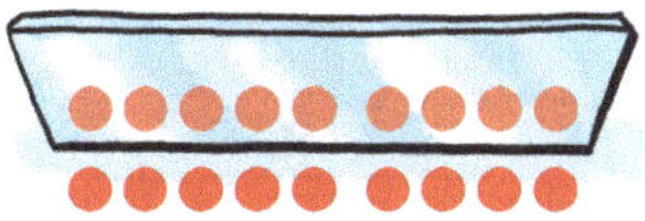

Seite 47 Aufgabe 1
a) 2 · 6 = 12 b) ...

2 Schreibe die Halbierungsaufgabe auf.

a) 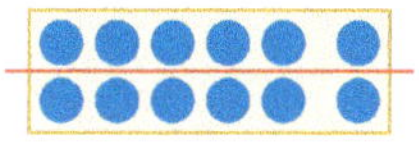
b) 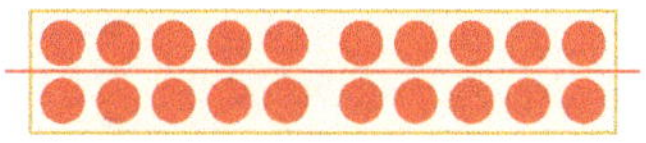
c) 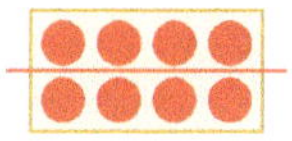
d) 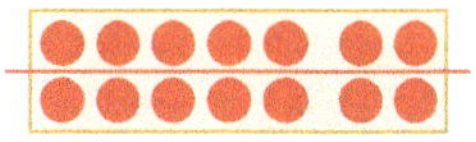

Seite 47 Aufgabe 2
a) 12 : 2 = 6 b) ...

3 Berechne das Doppelte und die Hälfte.

a) das Doppelte von 3
b) das Doppelte von 10
c) das Doppelte von 6
d) das Doppelte von 4
e) die Hälfte von 6
f) die Hälfte von 16
g) die Hälfte von 12
h) die Hälfte von 18

Seite 47 Aufgabe 3
a) 2 · 3 = 6 b) ...

4 Löse die Zahlenrätsel. Schreibe passende Rechnungen auf.

Seite 47 Aufgabe 4
Lea: 2 · 6 = 12
Die gesuchte Zahl ist 12.

17 Kinder sitzen an Zweiertischen.

17 : 2 = 8 Rest 1

1 Zeichne Bilder und schreibe die Aufgaben dazu.

a) 15 Kinder sitzen an Zweiertischen.

b) 11 Kinder sitzen an Zweiertischen.

c) 19 Kinder sitzen an Zweiertischen.

d) 13 Kinder sitzen an Zweiertischen.

e) 16 Kinder sitzen an Zweiertischen.

f) 14 Kinder sitzen an Zweiertischen.

g) 20 Kinder sitzen an Zweiertischen.

Seite 48 Aufgabe 1

a) ☒☒ ☒☒ ☒☒ *b) ...*

☒☒ ☒☒ ☒☒

☒☒ ×

15 : 2 = 7 Rest 1

★ übertragen eine Darstellung in eine andere und wechseln zwischen verschiedenen Darstellungsformen

Geteiltaufgaben mit Rest finden, zeichnen und lösen

1 Suche dir ein anderes Kind. Legt Geteiltaufgaben mit Steckwürfeln und Wollfäden.

2 Schreibe zu jedem Bild eine Geteiltaufgabe.

a) 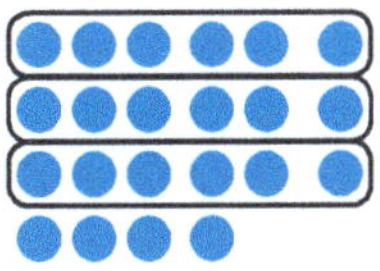

b) 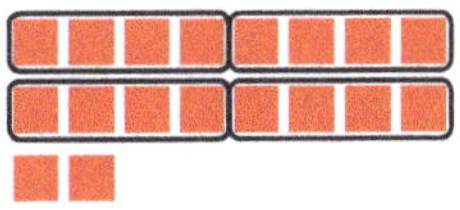

c) 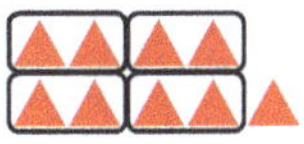

d) 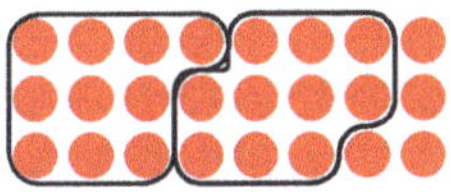

e) 

f) 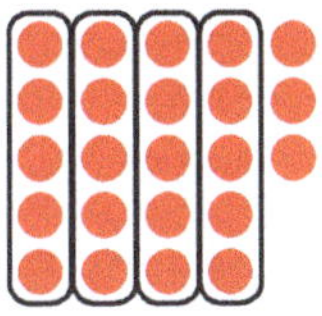

Seite 49 Aufgabe 2
a) 22 : 6 = 3 Rest 4 b) …

3 Zeichne Bilder und löse Aufgaben.

a) 25 : 4 = ☐ Rest ☐
b) 19 : 2 = ☐ Rest ☐
c) 21 : 6 = ☐ Rest ☐
d) 27 : 6 = ☐ Rest ☐
e) 22 : 3 = ☐ Rest ☐
f) 19 : 8 = ☐ Rest ☐

Seite 49 Aufgabe 3
a) 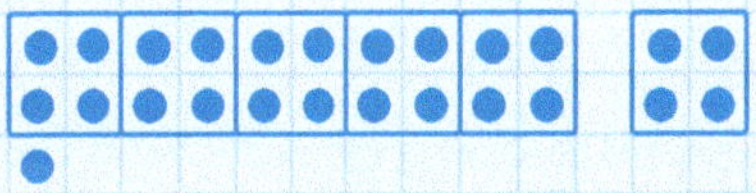
25 : 4 = 6 Rest 1
b) …

4 Finde zueinander passende Mal- und Geteiltaufgaben.

23 : 5 = 4 Rest 3	7 · 3 + 1 = 22
38 : 4 = 9 Rest 2	4 · 5 + 3 = 23
22 : 3 = 7 Rest 1	9 · 6 + 3 = 57
57 : 6 = 9 Rest 3	9 · 4 + 2 = 38

Seite 49 Aufgabe 4
23 : 5 = 4 Rest 3 4 · 5 + 3 = 23
⋮ ⋮

→ AH Seite 38

⋆ übertragen eine Darstellung in eine andere und wechseln zwischen Darstellungsformen
⋆ erklären mathematische Beziehungen an Beispielen und vollziehen Begründungen nach
⋆ nutzen Rechengesetze zur Kontrolle ihrer Lösung

1 Löse die Aufgaben und schreibe sie in dein Heft.
Als Hilfe kannst du Bilder zeichnen.

a)
8 : 8 = ☐
10 : 8 = ☐ Rest ☐
13 : 8 = ☐ Rest ☐

b)
20 : 5 = ☐
22 : 5 = ☐ Rest ☐
24 : 5 = ☐ Rest ☐

c)
28 : 4 = ☐
29 : 4 = ☐ Rest ☐
31 : 4 = ☐ Rest ☐

d)
36 : 6 = ☐
38 : 6 = ☐ Rest ☐
40 : 6 = ☐ Rest ☐

e)
63 : 9 = ☐
66 : 9 = ☐ Rest ☐
70 : 9 = ☐ Rest ☐

f)
50 : 10 = ☐
54 : 10 = ☐ Rest ☐
58 : 10 = ☐ Rest ☐

Seite 50 Aufgabe 1
a) 8 : 8 = 1 b) ...
10 : 8 = 1 R 2
13 : 8 = 1 R 5

2 Rechne und schreibe in dein Heft. Als Hilfe kannst du Bilder zeichnen.
Kontrolliere mit der Malaufgabe.

a)
21 : 5 = ☐ R ☐
17 : 2 = ☐ R ☐
32 : 10 = ☐ R ☐
41 : 8 = ☐ R ☐
20 : 6 = ☐ R ☐

b)
29 : 3 = ☐ R ☐
37 : 7 = ☐ R ☐
48 : 9 = ☐ R ☐
19 : 2 = ☐ R ☐
30 : 4 = ☐ R ☐

c)
60 : 8 = ☐ R ☐
50 : 6 = ☐ R ☐
44 : 7 = ☐ R ☐
38 : 9 = ☐ R ☐
26 : 4 = ☐ R ☐

d)
35 : 4 = ☐ R ☐
48 : 5 = ☐ R ☐
38 : 5 = ☐ R ☐
56 : 6 = ☐ R ☐
27 : 8 = ☐ R ☐

Seite 50 Aufgabe 2
a) 21 : 5 = 4 R 1 b) ...
4 · 5 + 1 = ...
⋮

3 In jedem Päckchen findest du zwei falsch gelöste Aufgaben. Schreibe sie mit dem richtigen Ergebnis auf.

a)
27 : 5 = 5 R 2
26 : 7 = 3 R 6
29 : 4 = 7 R 1
32 : 9 = 3 R 3

b)
19 : 2 = 8 R 1
52 : 8 = 6 R 4
33 : 6 = 6 R 3
23 : 3 = 7 R 2

Seite 50 Aufgabe 3
a) 26 : 7 = 3 R 5 b) ...
⋮

⋆ erkennen die Struktur von Aufgabenreihen und nutzen diese
⋆ nutzen Rechengesetze für vorteilhaftes Rechnen und zum Überprüfen der Lösung

→ AH Seite 39
→ Ü Seite 35

Zu Situationen Punktebilder und Aufgaben finden

In der Klasse sitzen die Kinder
an 5 Vierertischen.

1 Zeichne passende Punktebilder in dein Heft. Schreibe die Aufgaben dazu.

a) Auf dem Tisch liegen
2 Mäppchen mit je 6 Stiften.

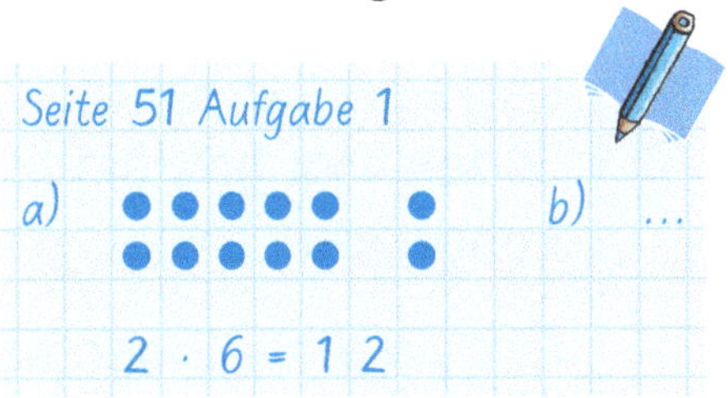

b) Janek hängt 20 Bilder auf.
Er teilt sie so auf, dass immer
10 in einer Reihe hängen.

c) 15 Kinder werden in
3 Gruppen verteilt.

d) In der Leseecke stehen
3 Bücherkisten. In jeder Kiste
sind 10 Bücher.

e) Lea hat aus 24 Steckwürfeln
Vierertürme gebaut.

f) 32 Spielkarten werden an
4 Kinder verteilt.

g) Im Klassenraum gibt es
4 Fenster. An jedem hängen
3 Vogelbilder.

* übertragen eine Darstellung in eine andere und wechseln zwischen verschiedenen Darstellungsformen
* übersetzen Problemstellungen aus Sachsituationen in die Sprache der Mathematik und lösen sie

Zu Rechengeschichten Punktebilder und Aufgaben finden

1 Zeichne zu jeder Rechengeschichte ein Punktebild und schreibe die Aufgabe dazu. Schreibe einen passenden Antwortsatz.

a) Max sammelt Sticker.
Er kauft 3 Päckchen.
In jedem Päckchen sind
6 Sticker.

F: Wie viele Sticker kauft Max?

Seite 52 Aufgabe 1

a)

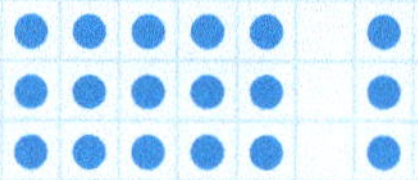

b) ...

R: $3 \cdot 6 = 18$

A: Max kauft 18 Sticker.

b) Lena geht dreimal in den Keller. Jedes Mal holt sie 4 Flaschen Limonade.

F: Wie viele Flaschen Limonade holt Lena insgesamt?

c) Tim hängt Bilder auf. Für jedes Bild braucht er 4 Nadeln. Insgesamt braucht er 28 Nadeln.

F: Wie viele Bilder hängt Tim auf?

d) Maja verteilt 30 Murmeln an 5 Kinder.

F: Wie viele Murmeln bekommt jedes Kind?

e) Lisa baut aus 15 Steckwürfeln Dreiertürme.

F: Wie viele Türme baut Lisa?

f) Paul gießt die Blumen.
Auf 4 Fensterbänken stehen
je 5 Blumentöpfe.

F: Wie viele Blumentöpfe gießt Paul?

g) Patrick verteilt 40 Kekse auf 5 Teller.

F: Wie viele Kekse sind auf jedem Teller?

2 Schreibe zu jedem Punktebild eine passende Aufgabe. Erfinde eine kleine Rechengeschichte dazu und stelle sie einem anderen Kind vor.

a) 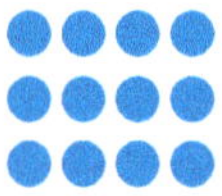

b) 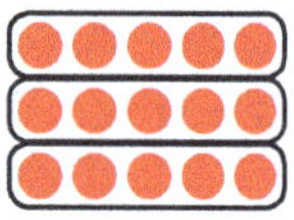

c) 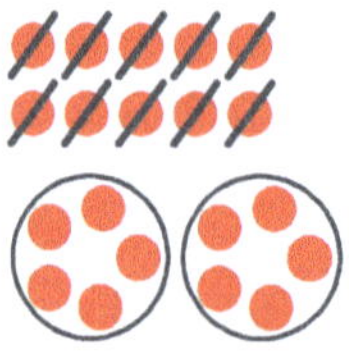

Seite 52 Aufgabe 2

a) R: $3 \cdot 4 = 12$

G: ...

b) ...

* übersetzen Problemstellungen aus Sachsituationen in die Sprache der Mathematik und lösen sie
* nutzen verschiedene Darstellungsformen

→ AH Seite 40
→ Ü Seite 36

Zwei Rechenschritte in Punktebildern ablesen und darstellen

1 Schreibe zu jeder Rechengeschichte zwei Aufgaben.
Die Punktebilder helfen dir. Schreibe einen passenden Antwortsatz.

Seite 53 Aufgabe 1

a) R: 18 : 3 = 6   6 + 5 = 11

A: Maja hat 11 Murmeln.

b) …

a) Maja verteilt an sich und ihre beiden Freunde 18 Murmeln. Anschließend bekommt sie noch 5 Murmeln von ihrem Bruder geschenkt.

F: Wie viele Murmeln hat Maja jetzt?

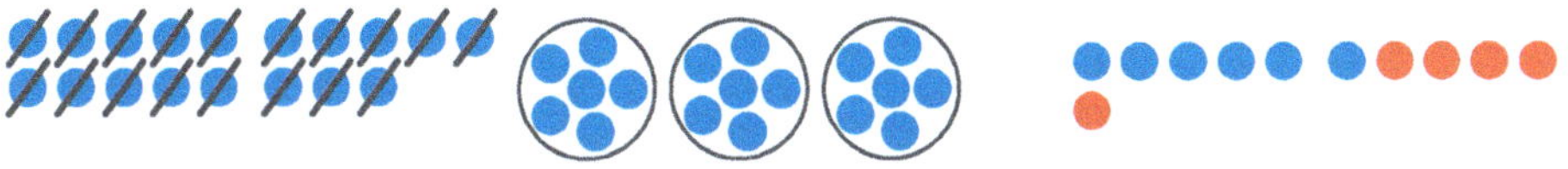

b) Patrick hat 22 schöne Steine gesammelt. 4 davon legt er in sein Regal. Die anderen Steine möchte er verschenken. Er packt Päckchen mit je 3 Steinen.

F: Wie viele Päckchen packt Patrick?

c) Paul backt mit seinem Vater Plätzchen. Auf das große Backblech passen 3 Reihen mit je 4 Plätzchen. Auf das kleine Backblech passen 9 Plätzchen.

F: Wie viele Plätzchen backen Paul und sein Vater?

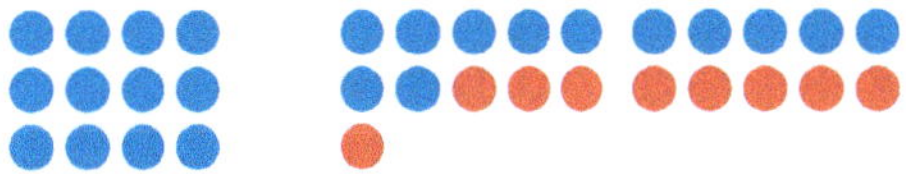

2 Zeichne zu jeder Rechengeschichte zwei Punktebilder und schreibe die Aufgaben dazu. Schreibe einen passenden Antwortsatz.

a) Lea baut aus Steckwürfeln 3 Vierertürme. Daneben baut sie einen Turm aus 8 Würfeln.

F: Wie viele Würfel braucht sie?

Seite 53 Aufgabe 2

a)

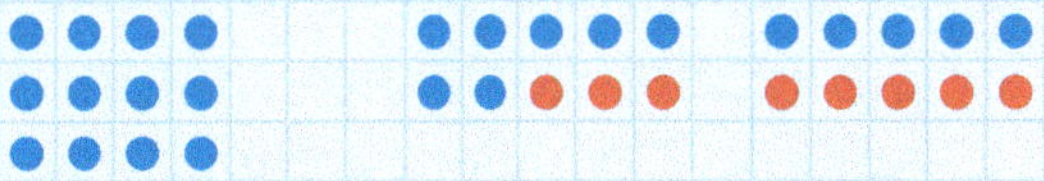

3 · 4 = 12   12 + 8 = 20

A: Lea braucht 20 Würfel.

b) Max verteilt 20 Bonbons an sich und seine drei Freunde. Anschließend schenkt er vier von seinen Bonbons seiner Schwester.

F: Wie viele Bonbons hat Max noch?

c) Mai-Lin baut aus 30 Steckwürfeln einen Sechserturm und anschließend noch Vierertürme.

F: Wie viele Vierertürme sind es?

★ übertragen eine Darstellung in eine andere und wechseln zwischen verschiedenen Darstellungsformen
★ übersetzen Problemstellungen aus Sachsituationen in die Sprache der Mathematik und lösen sie

Lösungshilfen kennenlernen

Auf dem Hof laufen Hühner.
Lea zählt 14 Beine.

F: Wie viele Hühner sind auf dem Hof?

1 Zeichne zu jeder Aufgabe eine Skizze.
Schreibe einen passenden Antwortsatz.

a) Auf der Wiese laufen Gänse.
Patrick zählt 16 Beine.

F: Wie viele Gänse sind auf der Wiese?

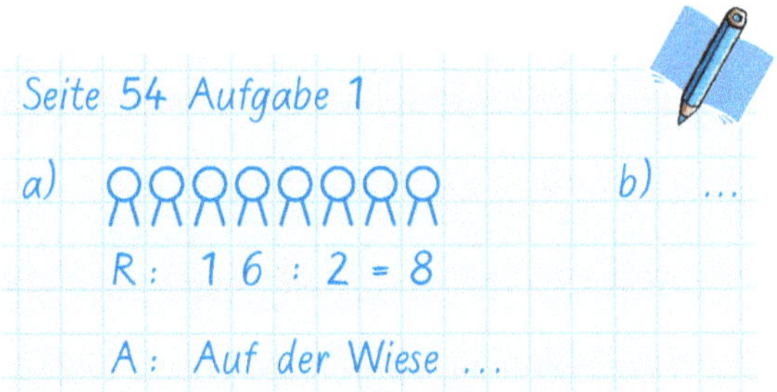

b) Auf der Weide stehen Kühe.
Max zählt 32 Beine.

F: Wie viele Kühe stehen auf der Weide?

c) Im Stall sind Schweine und 3 Hühner.
Meral zählt insgesamt 30 Beine.

F: Wie viele Schweine sind im Stall?

2 Zeichne zu jeder Aufgabe eine Skizze und finde die Lösung.
Schreibe einen passenden Antwortsatz.
Vergleiche deine Ergebnisse mit einem anderen Kind.

a) Im Schwimmbad sind 18 Kinder.
Die Hälfte der Kinder ist im Schwimmer-Becken. Im Nichtschwimmer-Becken tauchen zwei Paare nach Ringen.
Die anderen Kinder sitzen auf der Bank.

F: Wie viele Kinder sitzen auf der Bank?

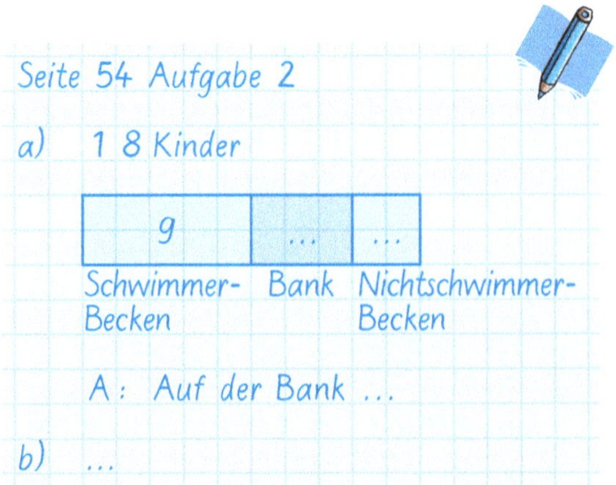

b) Auf dem Schulhof sind 24 Kinder.
Zwei Dreiergruppen springen mit dem Seil, sechs Paare spielen mit dem Ball.
Die anderen Kinder sind auf dem Klettergerüst.

F: Wie viele Kinder sind auf dem Klettergerüst?

* entnehmen aus kurzen Sachtexten relevante Informationen und übersetzen diese in die Sprache der Mathematik
* entwickeln geeignete Skizzen, um mathematische Probleme darzustellen

1 Betrachte die Bilder mit einem Partner. Besprecht, wo ihr Rechtecke, Quadrate, Dreiecke und Kreise entdeckt.

2 Suche in deiner Umgebung Dinge, an denen du Rechtecke, Quadrate, Dreiecke und Kreise erkennen kannst. Schreibe oder zeichne sie auf. Ordne ihnen die passende Form zu.

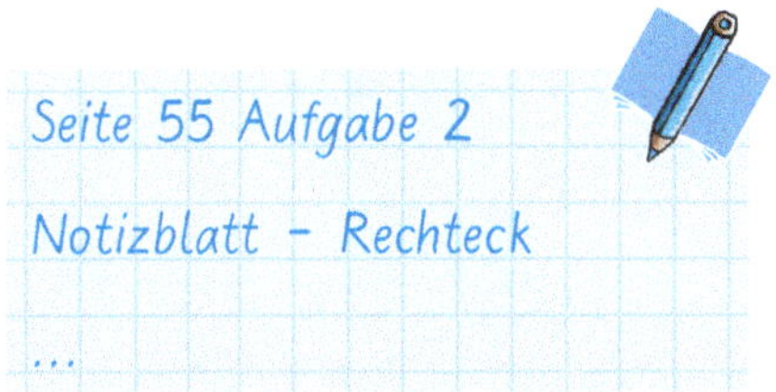

Vierecke, Rechtecke, Quadrate, Dreiecke und Kreise erkennen

Das Rechteck hat 4 Ecken und 4 Seiten. Die gegenüberliegenden Seiten sind gleich lang.

Das Quadrat hat 4 Ecken und 4 Seiten. Alle Seiten sind gleich lang.

Das Dreieck hat 3 Ecken und 3 Seiten.

Der Kreis ist rund, er hat keine Ecken.

Das Viereck hat 4 Ecken und 4 Seiten.

1 Entscheide, welche Figuren Vierecke, Rechtecke, Quadrate, Dreiecke und Kreise sind. Ordne zu. Besprich deine Lösung mit einem anderen Kind. Begründe deine Entscheidungen.

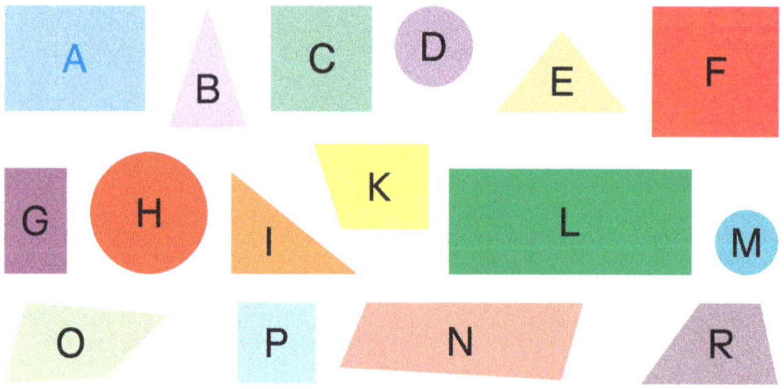

2 Zeichne Quadrate und Rechtecke.

a) Zeichne die Quadrate und das Rechteck ab. Benutze ein Lineal.

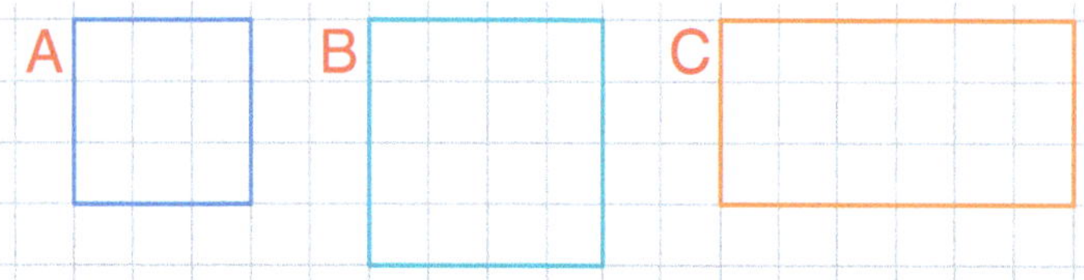

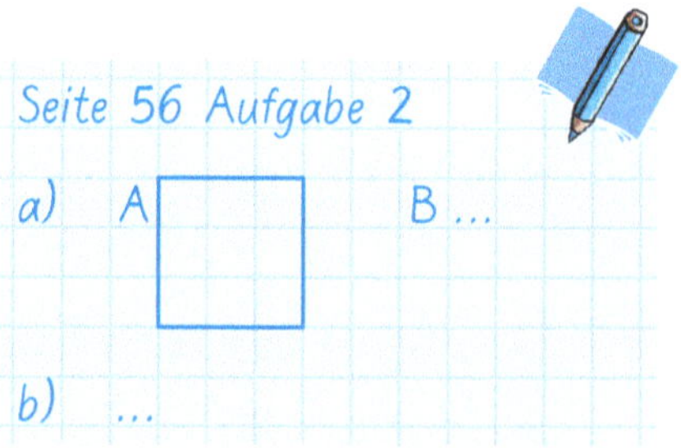

b) Zeichne weitere Quadrate und Rechtecke. Male die Quadrate gelb aus. Male die anderen Rechtecke grün aus.

* bearbeiten Aufgabenstellungen gemeinsam und erklären anderen ihren Lösungsweg
* beschreiben und vergleichen Flächenformen mit Fachbegriffen

→ AH Seite 41
→ Ü Seite 37

1 Schreibe jeweils die beiden Teile auf, die zusammen ein Quadrat ergeben.

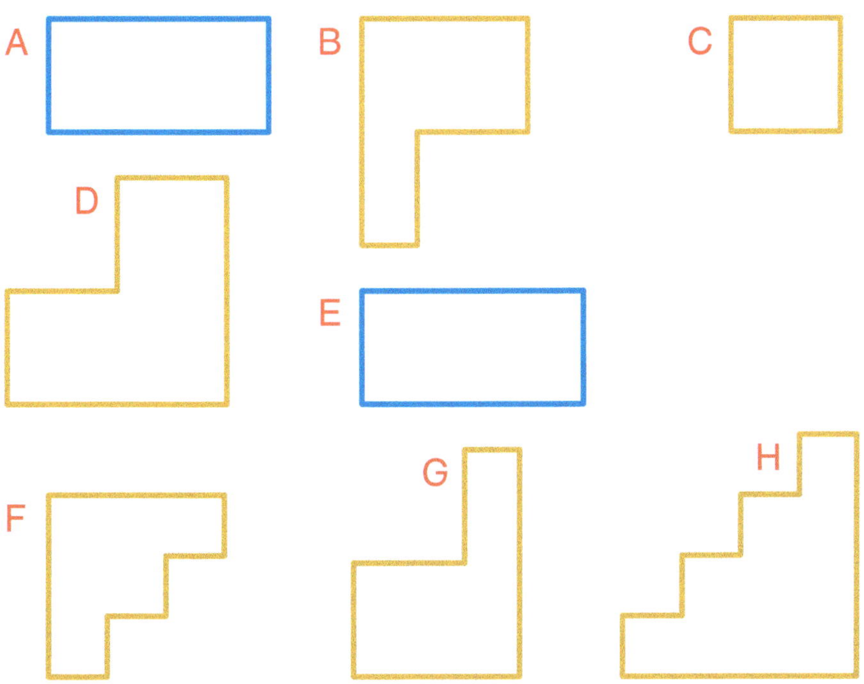

Seite 57 Aufgabe 1
A – E, …

2 Überlege, welche Figuren entstehen, wenn du die Zahlen in der angegebenen Reihenfolge verbinden würdest.

a) 2, 4, 12, 10, 2

1 2 3 4
5 6 7 8
9 10 11 12

b) 2, 8, 11, 5, 2

1 2 3 4
5 6 7 8
9 10 11 12

c) 9, 6, 11, 10, 9

1 2 3 4
5 6 7 8
9 10 11 12

Seite 57 Aufgabe 2
a) Es entsteht ein …
b) …

3 Lies dir die Angaben durch. Schreibe auf, welche Figur entsteht. Falte in deiner Vorstellung …

a) … ein Quadrat so, dass zwei gegenüberliegende Seiten genau aufeinanderliegen.

b) … bei einem Quadrat die rechte untere Ecke auf die linke obere Ecke.

c) … ein Quadrat so, dass zwei gegenüberliegende Seiten genau aufeinanderliegen. Dann falte es in der Mitte, so dass die kurzen Seiten übereinanderliegen.

Seite 57 Aufgabe 3
a) … b)

⋆ setzen über die Vorstellung gegebene Teilfiguren zu Quadraten zusammen und nutzen dabei die Eigenschaften von Quadraten
⋆ stellen geometrische Figuren über Zeichnen und Falten in der Vorstellung her (Kopfgeometrie)

Tangram legen

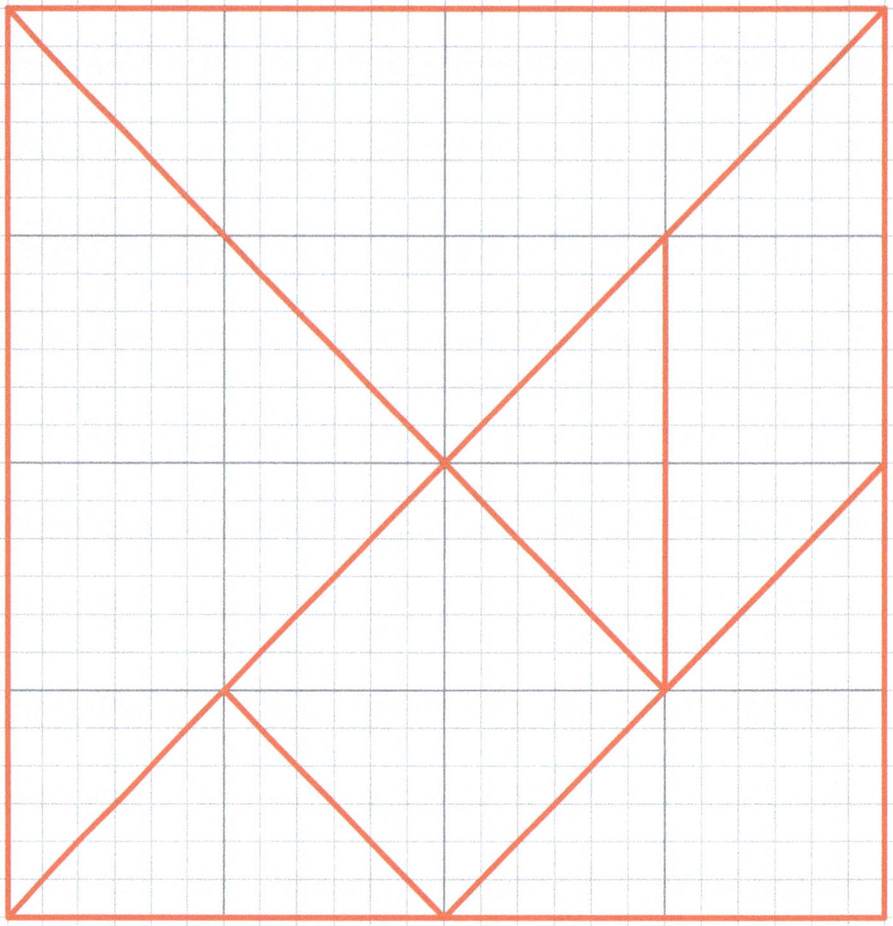

1 Übertrage das Muster auf Karopapier. Schneide alle 7 Teile aus.

2 Lege diese Figuren nach.

a) 

b) 

c) 

d) Erfinde auch eigene Figuren.

3 Lege auch diese Figuren nach.

a) 

b) 

c) 

* stellen durch Nachlegen und Zusammensetzen ebene Figuren her und erfinden selbst welche

1 Flächeninhalte mit Hilfe von Kästchen bestimmen.

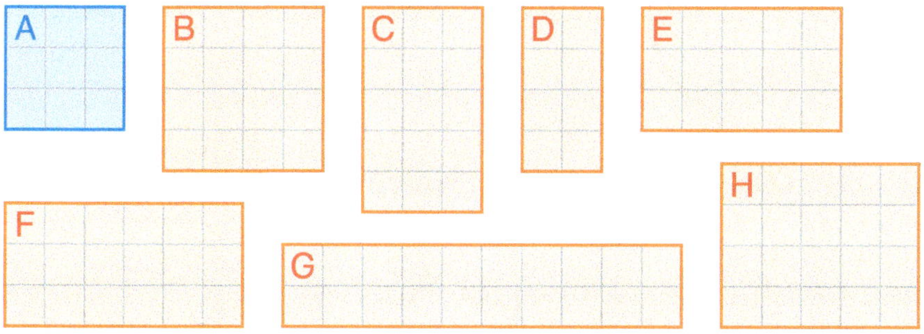

a) Schätze, in welcher Figur die meisten Kästchen sind. Schätze, ob es Figuren gibt, die die gleiche Anzahl von Kästchen haben.

b) Ermittle die genaue Anzahl von Kästchen für jede Figur durch Abzählen.

c) Ermittle die Ergebnisse durch Rechnen. Schreibe die Aufgaben auf.

d) Schreibe Vergleiche auf:
… hat gleich viele Kästchen wie …
… hat mehr Kästchen als …
… hat weniger Kästchen als …

Seite 59 Aufgabe 1

a) Die meisten Kästchen: …
Gleich viele Kästchen: …

b) Figur A: 9 Kästchen
⋮

c) A: $3 \cdot 3 = 9$ Kästchen
⋮

d) Figur … hat gleich viele …
Figur … hat mehr …
Figur … hat weniger …

2 Die Rechtecke und das Quadrat sollen mit quadratischen Plättchen ausgelegt werden.

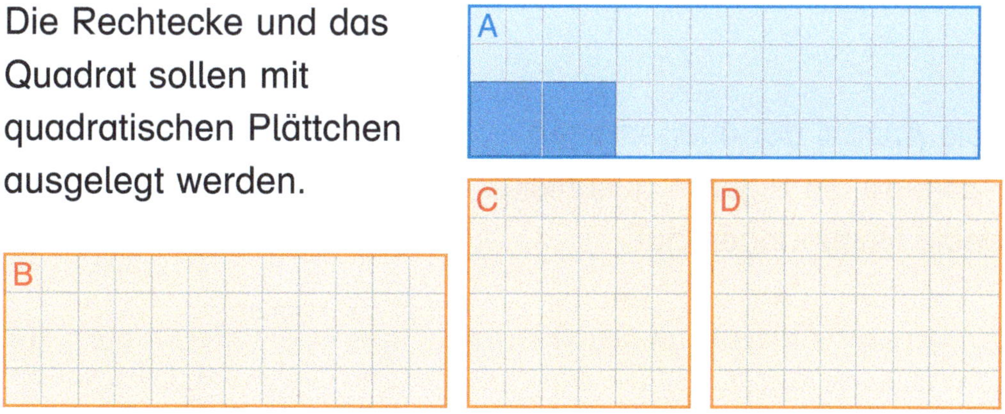

a) Schätze, für welche Figur du zum Auslegen die meisten Plättchen benötigst.

b) Übertrage die Rechtecke und das Quadrat in dein Heft. Zeichne in jede Figur die quadratischen Plättchen ein. Jedes quadratische Plättchen besteht aus 4 Kästchen. Schreibe deine Ergebnisse auf.

Seite 59 Aufgabe 2

a) Die meisten Plättchen: …

b) …

→ AH Seite 42

* bestimmen und vergleichen den Flächeninhalt ebener Figuren durch Auslegen mit Einheitsquadraten

Figuren zeichnen und Flächeninhalte ermitteln

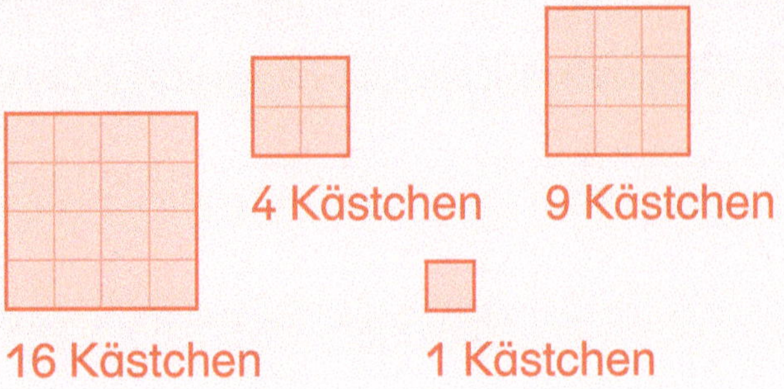

1 Zeichne Quadrate und ermittle die Größe der Flächen.

a) Übertrage die Quadrate in dein Heft. Benutze ein Lineal. Setze die Reihe fort.

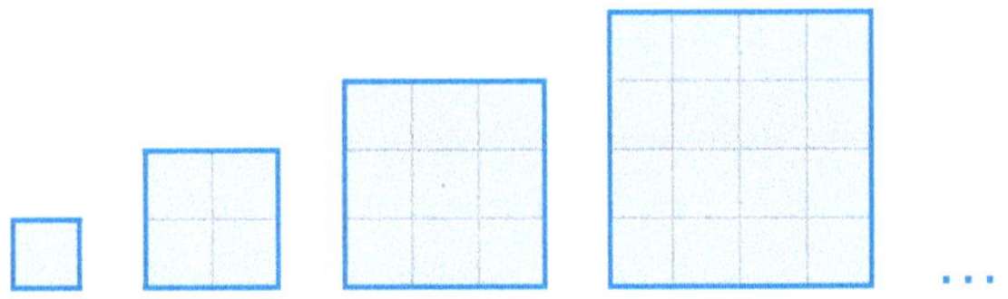

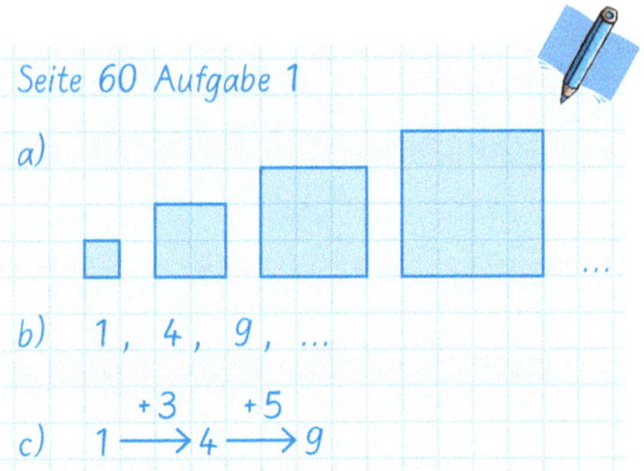

b) Bestimme die Anzahl der Kästchen.

c) Bestimme, wie viele Kästchen jeweils dazukommen.

2 Zeichne Quadrate zu folgenden Flächenangaben.

a) 25 Kästchen b) 49 Kästchen

c) 64 Kästchen d) 16 Kästchen

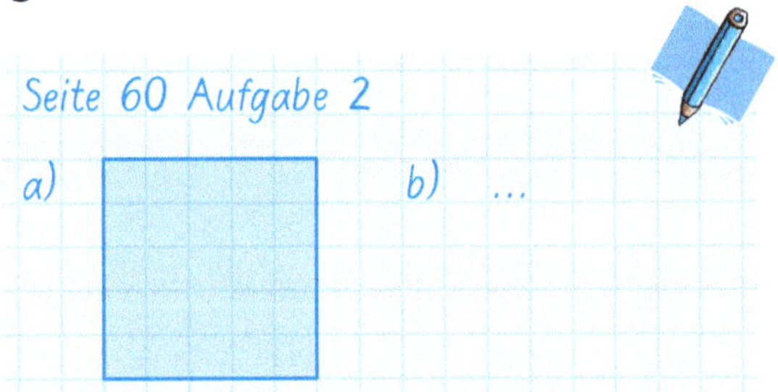

3 Bestimme die Anzahl der ausgemalten Kästchen. Zerlege die Figuren geschickt. Schreibe deine Rechnungen auf.

a)

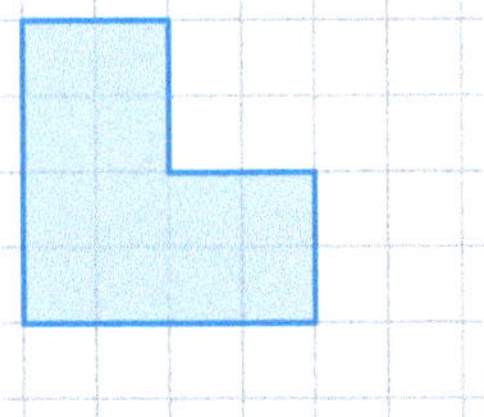

b)

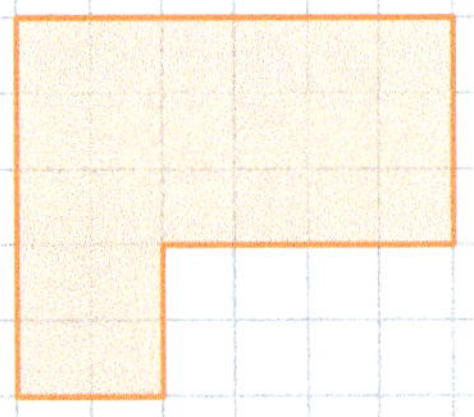

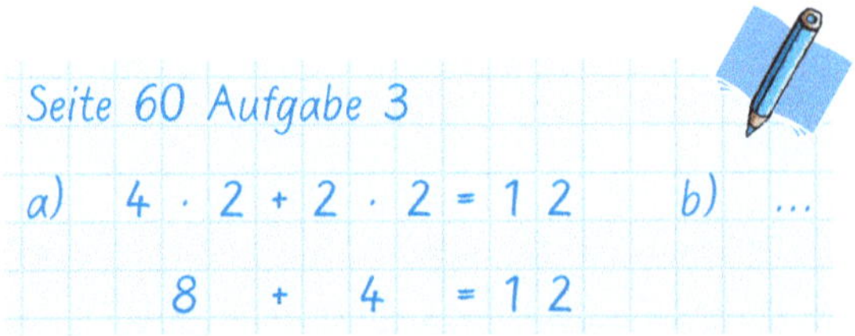

c)

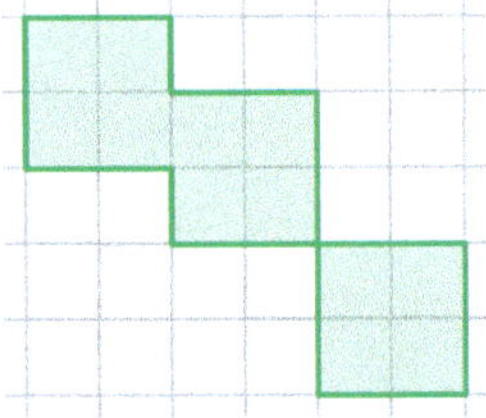

d)

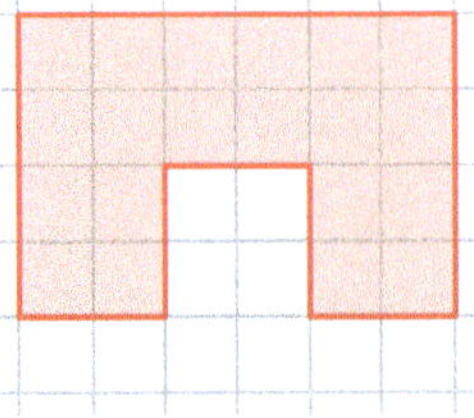

* bestimmen und vergleichen den Flächeninhalt durch Auslegen mit Einheitsquadraten oder Zerlegen in Teilstücke
* erkennen mathematische Beziehungen und Gesetzmäßigkeiten und übertragen diese auf ähnliche Sachverhalte